好主意不是好营销

用好数据，卖货给力

王泽蕴 著

GOOD
IDEA
≠
GOOD
MARKETING

电子工业出版社·
Publishing House of Electronics Industry
北京·BEIJING

图书在版编目（ＣＩＰ）数据

好主意不是好营销：用好数据，卖货给力 / 王泽蕴著 . -- 北京：电子工业出版社，
2023.9

ISBN 978-7-121-46303-7

Ⅰ . ①好… Ⅱ . ①王… Ⅲ . ①市场营销学 Ⅳ . ① F713.50

中国国家版本馆 CIP 数据核字（2023）第 172964 号

责任编辑：张振宇

印　　刷：三河市良远印务有限公司
装　　订：三河市良远印务有限公司
出版发行：电子工业出版社
　　　　　北京市海淀区万寿路 173 信箱　　邮编：100036
开　　本：880×1230　1/32　印张：10.25　字数：295.2 千字
版　　次：2023 年 9 月第 1 版
印　　次：2023 年 9 月第 1 次印刷
定　　价：78.00 元

凡所购买电子工业出版社图书有缺损问题，请向购买书店调换。若书店售缺，请与本
社发行部联系，联系及邮购电话：（010）88254888，88258888。
质量投诉请发邮件至 zlts@phei.com.cn，盗版侵权举报请发邮件至 dbqq@phei.com.cn。
本书咨询联系方式：（010）88254210，influence@phei.com.cn，微信号：yingxianglibook。

站在数据之上构建生意增长的路径

　　几年前，泽蕴的第一本书《不做无效的营销》出版的时候，我觉得她为市场营销行业从业者做了一件大好事。当营销步入数据时代，无论是企业主还是营销人，都敏锐地嗅到并急切地希望掌握这场营销变革的密码。但过去几年，这方面的工具书大都太过高冷，充斥着大量的概念和晦涩的专业词汇，在应用层面也常常隔着一层。看时仿佛知其然，读后却不知其所以然，终究是无法获得以数据力量解码现有营销困境的方法。

　　而泽蕴用深入浅出的方式阐明了，数据思维是如何在营销的各个应用场景中起到关键作用的，对于市场营销的基础底层构建的意义又是什么。而"数据思维营销场景应用的底层逻辑"，相信就是市场营销行业从业者苦苦寻觅的数据时代营销解码方案了。

　　《不做无效的营销》作为一本营销工具畅销书，我经常买来送给同行和客户。后来很长一段时间都买不到，询问后得知是泽蕴主动停止了加印，着手重新写了一本同样主题，但内容完全不同的书。她告诉我"因为时代变了，数据环境更成熟了。更重要的是，数据思维对于企业有着更深的意义，并不单在营销领域，我们应该以一个更宏观、更长久的视角看待它"。这本新书，并不是《不做无效的营销》的续集，而是站在构建生意增长格局下的思维路径导图，当然，串联底层逻辑的还是数据本身。确切地说，它是《不做无效的营销》的升级版，站在数据之上，去构建一个品牌的生意增长路径，在数据之上，厘清生意的方向，预判生意的趋势，熨平生意的波澜。

它基于大家都关心的"营销"主题，但涉及的应用场景远不止营销，而是站在企业生意发展的角度，从大家都关心的关键场景入手。"为什么好产品卖不动？""对手狂打价格战怎么破局？""没钱的小企业能找到属于自己的市场机会点吗？""用户复购率低怎么办？"这些都是广大企业日常会面对的问题。解决这些问题，背后不但涉及市场营销，也涉及竞争分析，涉及品牌定位，涉及用户研究等。但难道企业主想要解决这些问题，要挨个把市场营销、竞争分析、品牌定位、用户研究等领域的知识全学一遍吗？这些确实是至关重要的行业知识，但企业更关心的是解决问题、高效地解决问题、低投入高产出地解决问题。这是在我看来本书最大的价值。作者把这些领域的知识融会贯通，以帮助企业解决具体问题为首要目的，以清晰、理性的数据化思维为脉络和手段，以亲历的具体案例和故事条分缕析、逐条拆分，告诉你具体、可落地的解决方法。更难能可贵的是，还写得亲切有趣，并不晦涩难懂。

在企业发展的过程中，很多重要决策背后的方式方法看起来难以把握也难以说清，"事后诸葛亮"容易，事前告诉你分析

好主意不是好营销 用好数据，卖货给力

思路难。而这正是数据化思维的关键价值所在。数据本身只是散乱的信息，但分析数据的方法和思维方式是帮助企业发现和了解真相，以及事物背后逻辑和规律的镜子。

推荐所有的生意掌门人看看这本书，它就像作者本人给我的感觉：真诚热切、理性严谨，一切以帮助企业解决问题为核心。当然，市场营销专家和各个领域的"超级个体"也能通过这本书找到更多打动生意掌门人的营销利器。

王　剑

Saatchi & Saatchi 盛世长城国际广告公司北京董事总经理

会用数据 用好数据

一次朋友的引荐中，认识了泽蕴，并有了一段一见如故的促膝之谈。惊叹于双方对数据的认知和理解的互通及一致，也感叹于当下能够从品牌增值、业务成长角度解读数据的工具之少，人才之缺。

得知泽蕴已经开始规划并着手实施将数据应用贡献给高等教育时，也觉得这是一件好事，一件对行业人才培养、推动更多的人善用数据进行思维的大好事。

近日，蒙泽蕴赠了一本《好主意不是好营销》的先发版本，如获至宝，当天就通宵达旦地读完了。掩卷后提笔写序，希望能够让这本好书被更多企业负责人、营销人、品牌和业务主理人及高管所看到。因为这本书对目前环境下的数据获取、数据应用、认知误区几乎均有涉及，而且是站在企业的角度，并不是从单纯数据的角度在谈应用。

在这个经济放缓，甲、乙双方都卷起来的年代，如何能够运用数据支持品牌和业务的成长，确保预算使用的 KPI 甚或 ROI

清晰、有效且能够完成，是甲、乙双方的管理层都必须掌握的技能，也是品牌和业务主理人希望和需要看到的理由和衡量标准。在以前，由于数据环境的不足，以及数据化思维的缺失，企业的一些关键业务决策，更多的不是依托科学、严谨的数据推导和分析，而是基于自身的经验、周围企业的常规做法，或者是少数人的"聪明才智"。这会导致思考问题时的视角相对单一，也容易出现视角偏差，从而导致决策偏差。

懂数据并非要求会使用数据分析工具、写代码、建模等，而是能够了解数据在各类业务场景中起到的作用，对数据的使用及分析结果提出要求，并让数据分析结果直接或间接赋能于相关的行为和决策。

泽蕴的这本书，从上层决策到落地执行，从经典的思维方法论到一些唾手可得的数据工具的使用，从知识到技能，有机地融合和贯通在一起。可以作为一本好用的业务思维书、工具书，常伴手边，需要的时候翻一翻，对工作大有助益。

对于企业负责人来说，当你遇到思考企业战略走向，希望研究行业动态、竞争动态的时候，或者当你想要聚焦目标用户群体，并希望深入了解他们的时候，可以拿起此书。对于品牌和业务主理人，如产品部、运营部、设计部的骨干人员，在遇到业务问题，希望可以借助数据分析来辅助思考的时候，也可以先参考此书，思考一下自己的品牌与业务最需要、最相关的数据服务是什么，以免出现某些作战大屏搭建起来之后对于品牌和业务无用，而最终遭废弃的场景。当然，如果在一些关键的品牌和业务节点需要决策时，也可以从此书中找到一些借鉴和对标，获得启发并借助数据为决策助力。

对于数据相关的从业人员来说，更建议多多阅读此书，了解自己每日工作背后的意义所在。我观察到，数据从业者和品牌从业者之间，往往存在一个隐形的"壁"，前者懂数据但是不懂业务，可以做很炫酷的数据图表，也掌握着最前沿的数据技术，但是在落地的时候很难给予企业真正"到位"的建议，往往是在"就数据谈数据"。而后者懂业务但是不懂数据，能看到业务的困难，看到自身的需求，但并不知道如何通过数据分析的手段来拿到相应的关键信息，从而帮助自己去做有益于业务的决策。由于对数据分析的不了解，使他们在日常工作中，对哪怕是企业可以自己收集分析的数据，也不知道要去收集，不知道怎么分析。也正是由于不了解，他们也会有一些天然的担心，如"会不会很贵""会不会需要的时间很长"等，很多其实都是"无谓"的担心。因此，懂业务的数据从业人员，或者懂数据的业务从业人员，是这个市场上极其珍稀的资产，也是品牌方和咨询端梦寐以求的人才。

杨震 James
阳狮集团中国 Digitas 北京董事总经理

自 序

拒绝无效决策，从"看见"事实真相做起

2017 年，我的第一本书《不做无效的营销》出版，我在序言里写道："大数据将引爆营销新时代。"

那时，我正在奥美集团负责数据营销部门。这个部门伴随着国内大数据时代的到来而诞生，面向集团内部众多不同行业、不同业务类型的部门，提供数据咨询服务。得益于越来越多的企业对数据和商业咨询的重视，部门很快开始独立承接对外的企业咨询工作，逐渐形成了自己的业务强项。

几年之后的今天，再去看《不做无效的营销》这本书，很多当时激情澎湃的畅想和预测，早已成为当前大家习以为常的事实。很多企业建立了自己的数据平台、营销自动化系统，拥有了自己的用户管理体系，营销运营的小伙伴能够熟练分析日常所获取的工作数据，并应用在业务优化中。热门话题榜单、各种指数和数据分析工具，都成为常态化使用的工具。

大家在不断学习新的知识和技能。奥美集团最"紧俏"的"Social 组"（在各业务部门里专门做社会化媒体营销的团队）也从

只针对微博、微信平台做重点营销，逐渐增加了抖音、快手、小红书、今日头条、B站等平台，而且这份名单还在持续更新和增加中。

还有更多意料之外的变化。宋朝《景德传灯录》里说"诸行无常，是生是灭"。万事万物总是在变化中，有的可预测，有的不可预测。全球疫情改变了很多行业和企业的命运，也影响了用户在购物时的心态和选择。之前，有的同事只是休了个产假，短暂离开岗位几个月，回来后就发现工作内容变了，有很多新的东西需要学习。而在疫情期间，有的企业面临破产。

世事无常，我们要如何看待呢？要为此焦虑不安、惶惶不可终日，被动接受"命运"的安排吗？

无论环境怎样变化、行业怎么调整，对于企业来说，寻找机会的方法、理解用户的手段、掌握事实的技巧，这些底层技能都不会发生变化。甚至在这样的环境下，更需要大家拥有这些底层技能。特劳特先生的定位理论历经多年依然经典，电通公司改良的用户之旅模型仍旧在用户转化过程中发挥着关键作用。行业洗牌、社交平台变迁、数据和大数据的普及、层出不穷的营销新玩法背后，品牌及业务发展的底层逻辑一直岿然不动。而更好的数据环境可以帮助我们，更准确清晰地看见企业发展的"事实真相"。

这就是我写这本书的初衷。

在当前这个时代，数据化思维是每个职场人必备的素质。

而数据化思维是什么呢？

不是学会数据建模，也不是会编程、会数据库搭建……数据本身只是手段和工具，它重要，但不是最重要的。数据化思维的关键是寻找一种模式，比如某种结构、关联，或是规律、规则，这些东西控制了我们所见的事物，成为今天这个样子。

这几年我一直在为企业和个人提供与数据咨询相关的培训和分享。无论主题是品牌定位、用户画像，还是数据营销、代言赞助，上面这段话，都是每个主题的结束语，也是寄语。

时代在变，但很多底层的规律不变。数据手段虽在增多，但用数据来辅助寻找规律的初衷不变。为什么很多决策看起来挺有道理，执行起来却效果不好呢？主要有以下两个原因。

第一，只看到了局部的真相，却以为这是全部的重点；

第二，急于解决眼前的困难，而忽略背后深层次的原因和规律。

比如看到很多企业做短视频把产品带火了，又看到行业报告数据显示，短视频平台效益一路走高，用户云集、商业潜力巨大。于是自己也投入进来做短视频，做了很久却依然用户寥寥，甚至无人问津。

短视频行业火，这是事实。但所有火爆的账号和内容，都符合用户对内容偏好的规律和平台推荐算法的规律。用户的注意力有限，而短视频平台各类内容层出不穷，在充分竞争的环境下，企业要想脱颖而出也要符合商业竞争的规律。这是另一个层面的关键事实。

所以说，拒绝无效决策，往往是从"看见"关键的事实真相做起，落脚于发现并善用规律。

数据可以呈现事实，但是在众多的事实中，我们应该"看见"哪些？又要如何"看待"它们、发现规律呢？

数据分析的手段，也是我们"看待"问题的视角。这不单单是一个统计学话题，更是一个涉及市场营销、品牌定位、竞争分析等内容的话题，同时也是特劳特定位理论、电通用户之旅等经典模型和思维方式经久不衰的原因。只有懂得品牌、产品、营销、用户等的发展逻辑，才能更好地通过数据找到数据化思维的模式和规律。这是分析师可以理解数据、善用数据的前提，也是很多经典著作和思想长盛不衰的原因。

除此之外，我想提醒的是，重视数据，但不要唯数据论，即认为数据分析的结果是"真理"，是唯一正确的道路。不要低估数据的价值，但也不要高估它。我曾在奥美集团，这家文科生从业者占据大半比例的 4A 公司做商业咨询工作 9 年。在营销领域，文科生从业者的比例很能说明一个问题。找清商业问题的原因固然重要，但这是企业的事。用户喜欢什么？用户喜欢麦当劳这家年轻"老字号"的"我就喜欢"（I'm loving it）；喜欢江诗丹顿（腕表品牌）高姿态的"你可以轻易地拥有时间，但无法轻易地拥有江诗丹顿"；喜欢口味可能和别家差不多，但是你轻易排不上队的喜茶（疫情之前）。

数据，是商业决策的分析关键，但无法代替创意，也无法百分之百地影响和决定一家企业的未来。就如同每个人都有感性的一面，也有理性的一面。而理性的思考，往往是为感性的目标服务的。

通过数据分析，我们可以准确圈定产品的目标人群，了解他们的整体生活方式、购买习惯和购买愿望，知道目前产品转化的卡点在哪里，却做不出"一切皆有可能"这样充满希望与能量的广告语，也无法代替乔布斯做出苹果手机这样的产品。它可以通过翔实的市场分析和竞争对比，为企业提供科学的市场策略，却无法模拟埃隆·马斯克的脑回路做出"移民火星计划"这样的畅想。有时，一些改变世界的想法，不是纯靠理性分析，更依托一些天马行空的"胆大妄想"，一些感性甚至任性的执念。打动用户使之喜爱甚至钟爱某个品牌的，往往也不单纯是"产品好用"，而是因为一些感性的共鸣和企业对用户柔软内心的理解。

这就是数据分析的能力边界。它不是全能王，但可以为这些动人的创意、远大的目标，提供科学和准确的分析基础。

迄今为止，我服务过 100 余家企业，有成熟的跨国公司，也有初创企业，有传统的企业，也有互联网公司，甚至是网红公司，也曾经帮助企业实现过一年之内销售额从 30 亿元到 100 亿元的飞跃。我深感数据在决策中的重要性，也切身感受到数据要想用好，人是最重要的因素。分析师需要了解人、理解人，分析师本人对品牌、产品、运营、营销的理解也很重要，更重要的是，分析师需要把数据的结果，翻译成企业和用户能听得懂、感知得到的感性表达，并且落地可执行。

所以，这本书会讲到数据，但讲的是能听懂和容易获取的数据。会讲到你平时工作遇到的关键决策场景：品牌的定位和升级、市场竞争、产品和运营、用户管理和营销推广，但不只是知识概念，而是会通过数据分析把背后的逻辑规律展示出来。会讲到理性分析和推导的部分，但也一定会有落地时感性的部分。会有这些年我新做的企业案例，案例的展示，更多是希望呈现背后可参考的逻辑规律，方便你借鉴思路，帮助自己的工作落地。

感谢你选择打开这本书，愿我们一起成长。

王泽蕴

写于 2023 年 8 月

目 录

第一章

数据，照见真相的镜子，理性决策的"底牌"

在《旧唐书·魏徵传》中，唐太宗李世民说："夫以铜为镜，可以正衣冠；以史为镜，可以知兴替；以人为镜，可以明得失。"

意思是，以铜镜来观照自身，可以把衣服帽子穿戴整齐。以历史来观照自己的施政，可以知道朝代兴败的规律。用一位贤臣在旁边观察和劝诫，可以知道自己政策的得失。

在商业领域也同样需要"以铜为镜"——了解自身品牌及业务的现状，看看哪里做得好，哪里出现了异常；"以史为镜"——了解历史上其他企业的兴败，从而观察和思考自身发展；"以人为镜"——引入独立第三方的视角（研究行业报告、与咨询机构或独立咨询师合作等），也引入用户的视角，而不是仅站在自己的立场考虑和决策。

这些背后都离不开"以数据为镜"和"以信息为镜"。

只要用心积累，无论是业务相关还是用户相关，企业自己的数据都很容易获取。而伴随着数据和信息环境的整体不断升级，无论是老字号品牌的经典案例故事、失败案例的背后解析，还是不同行业的发展研究报告、大数据平台的趋势分析文章，抑或是用户数据的挖掘和分析，都有拿得到手的方式方法。

关键点在于，我们要如何善用这些数据与信息。

第一节　最佳击球手的成功奥秘

我的书房墙上挂着一个画框，里面是泰德·威廉斯和他打球时的"击打区域"，一个乍一看像元素周期表的东西（见图1-1）。

图1-1　泰德·威廉斯的"击打区域"

泰德·威廉斯（1918年8月30日—2002年7月5日）是世界棒球运动史上最优秀的球手之一，而且在很长一段时间之内可以拿掉"之一"二字。他得过两次美国联盟①最有价值球员

---

① 美国联盟（American League），简称"美联"，是在美国和加拿大境内组成的美国职业棒球大联盟的两个联盟之一。

（MVP），曾带领球队两次赢得三冠王。1966 年，他被选入棒球名人堂。

他是 70 年来唯一一个单个赛季打出 400 次安打①的棒球运动员，且在 1941 年，他击出了高达 40.6% 的打击率。

这个数值有多杰出呢？

通常来说，如果职业棒球选手的打击率在 28% 以上，那么他可以被称为一名称职的选手；如果击打率在 30% 以上，他就是一名优秀的选手。而泰德·威廉斯甚至在近 40 岁的"高龄"，还能连续两年获得美国联盟的打击率冠军。

之所以这么厉害，是因为他有独特的方法，就是这张"击打区域"表格。

通过长时间的总结和分析，他把自己面前的击打区域划分为 77 个棒球大小的格子，并给每个格子填写上了该区域的"平均击打率"，正中间的三个格子击打率最高，是 40%，紧邻的几个区域也很高，是 38% 或 39%。这些核心的高击打率区域，被他称为最爱的"幸运区"。在球场上大部分的时间里，泰德·威廉斯什么都不做，只是看着。只有当球落到"幸运区"，他才会挥棒。

"每隔一段时间，你都会发现一个速度很慢、路线又直，而且正好落在你最爱的格子中间的好球，那时就全力出击。这样呢，不管天分如何，你都能极大地提高上垒率。要成为一个优秀的击球手，你必须等待一个好球才去击打。如果总是去击打'幸运区'以外的球，那我根本不可能成为棒球名人堂选手。"

---

① 安打，是指打击手把投手投出来的球击出界内。

他说。

著名的投资家巴菲特先生也是使用这个方法来做投资的。他把各类企业的证券价格当成格子，缩小自己股票备选录内的股票范畴，只专注于研究自己喜欢的股票。在大部分的时候，什么都不做，只是看着，然后等待最合适的时机到来。因为频繁地"挥杆"，也就是投资一些"小仓位"，会使你遇到"好球"时，也没有办法用全部的资本去"击打"。

2016年，我们第一次跟百度的大数据研究院合作时，他们能够提供的用户数据，就高达280多个维度。更不要提现在，业务版图不断扩张之后的百度，以及同百度一样拥有大数据能力的腾讯、阿里巴巴等公司。大数据固然价值非凡，但是对于很多企业来说，是否动用大数据来解决他们的业务需求，和大数据本身的价值大不大，是两码事。

并非拥有大数据，才能作出准确的决策；也并不是拥有的数据量越多、类型越多，分析就能越准确。

常有企业问我："我现在要做品牌定位/竞争分析/用户画像了，我需不需要买一下大数据，做一下大数据分析？"

我的答案是："不是不可以，但先别着急掏钱。我们先捋清楚你的企业发展现状，以及你所在行业的基本情况，看看用哪种方法最高效吧。"

很多时候，结论都是不需要的，因为"杀鸡焉用牛刀"。

用"大刀"杀"小鸡"，常常比不上用"小刀"杀得好。

当然，并不是说所有类型的企业，面临的所有问题都没必要用大数据，我只是讲述一个通常状况。很多时候，企业面临的问题，并不需要动用大数据，"大量的数据"往往就够了。有的时候，甚至"大量的数据"都不用，做一个几十个样本的访谈，再加一个几百份样本的问卷调研就够了。

重要的是，要找到那些对解决问题最关键的数据和信息。如果泰德·威廉斯漫天去接球，无论什么角度什么速度的球，只要身体够得到就去接，那么他的体能很快会消耗殆尽，击打率也绝不会如此杰出。因为挥棒去打那些"差"格子会大大降低成功率。什么数据都收集，什么数据都认真地分析一通，很容易让人陷入海量信息中，浪费精力，也迷失方向。

那么，到底什么样的数据，才是"幸运区"的数据呢？

其实，这不仅是一个数据问题，更是一个分析思路的问题。就像序言中谈到的"数据化思维"，无论遇到什么问题，关键点都在于寻找背后的规律和底层逻辑。例如，当产品卖不动时，应该用怎样的思路去推导这个现象背后可能的原因？最少要收集哪些数据可以明确真正的原因？又要基于哪些信息，可以综合分析出可行化的方案？

这才是真正的"以数据为镜"。

第二节 "以数据为镜"，看见真相

一、"幸运区"数据让企业更"幸运"

有一次，我带队为米未集团旗下的米果文化提供营销咨询服务。当时，他们在喜马拉雅平台有一款王牌产品，名叫《好好说话》，是由黄执中等几位《奇葩说》节目的优秀辩手主创的线上口才培训产品。

这款产品在过去的一年里，已经取得了喜马拉雅平台年度销量第一的好成绩。于是企业想进一步扩大产品的影响力。他们准备了一笔两百万元左右的广告费，想在其他内容平台上做广告投放。

"产品已经在喜马拉雅平台上排第一，这个平台就没有必要投广告了，感觉上面的用户没有太大销售潜力了。所以我想去其他平台做广告，那里的新用户更多。"产品负责人对我说。

去其他知识类平台上投广告，是扩大产品销量最好的办法吗？

我们在做完用户研究之后，给出了否定的答案。

那么，"幸运区"的数据结论是什么呢？

由于当时《好好说话》的销量主要来自《奇葩说》节目及几位优秀辩手的个人影响力转化，我们便通过其影响力渠道进行了一次问卷调研。在调查中，把知道这款产品、有购买意愿但是没有买过的用户定义为潜在用户，购买过的用户则为现有用户。

然后有趣的事情发生了，结果显示，在主要通过喜马拉雅平台购买线上产品的用户里，现有用户和潜在用户的比例，相差竟然不超过8%（见图1-2）。

这不禁让人思考：为什么会这样？喜马拉雅平台的用户在当时真的没有进一步转化的价值了吗？

进一步研究发现，现有用户和潜在用户不但数量接近，用户构成也非常类似。这两群人从社会学属性的角度来看，也就是从性别、地域分布、年龄、受教育水平、收入水平等这些社会学意义上的身份标签来看，几乎是一群人。

用户分析：喜马拉雅平台

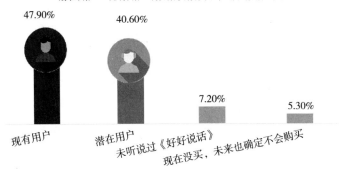

图 1-2　《好好说话》产品受众分析示例 1

以收入水平这一指标为例，如图 1-3 所示，两类用户在各个收入端的分布均相差不多。性别、年龄等指标也都表现出同样的态势。

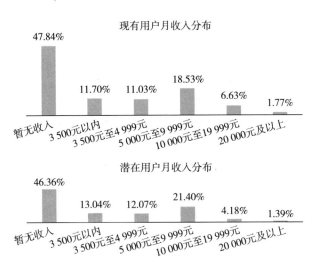

图 1-3　《好好说话》产品受众分析示例 2

为什么这两群人的构成相似，一群人买了产品，另一群人却没买呢？于是，我们进一步就这两组用户做了面对面访谈，深入调查后，发现了一个很关键的细节：

这两群人的消费观不同。

潜在用户消费更理性。

当时，这款产品是边播边卖的，在一开始售卖的时候，产品的目录和内容并不全，主创每周更新内容，然后上传到平台，供用户学习。潜在用户虽然很喜欢这些主创，也想要学一下说话技巧，提高情商。可是，在做出购买决策前，他们需要看到更多信息才能作出判断，当时产品的几节试听音频对于他们来说是不够的。

这群人在还不知道产品全部目录时，很难掏钱购买全集。他们更偏向再等一等，等内容出得更多、目录更全，再来买。

在访谈中，理性的他们还提出了更个性化的要求：

是不是可以只购买某一位主创人员的内容？

是否可以按系列主题购买，或者按月购买？

能不能多开放一些免费试听的内容？想多感受一下内容质量再判断要不要买。

潜在用户并非不想买，只不过需要更多的判断信息。

看到这些调查结果之后，我们给企业做了两个建议：

（1）在产品运营层面，给用户更多的试听选择，也可以考虑是否按主题来分拆内容售卖；

（2）在传播层面，企业当下可以先不去其他平台做投放，针对喜马拉雅平台的潜在用户再做一轮宣传。

提出以上建议是因为，咨询时这款产品的内容已经出全，并且在喜马拉雅平台卖了一年，还取得了年度销量第一的好成绩。当时，在市场上并没有明显的同主题产品竞争对手。这些潜在用户本身就有这方面的需求，并不难转化。

企业听取了建议之后，就把这笔钱省下了。半年之后，这款产品没有花费额外的营销费用，但销量增加了70%。

这是我想分享给你的"以数据为镜"的真实故事。企业想要在其他平台投广告的想法是常用手段。已经在当下平台销量排第一了，想要转战其他平台继续开拓市场，这个因果关系也没问题。但是平台销量第一不一定等于该平台的用户潜力已挖掘殆尽。比起给一群陌生的用户重新介绍产品，去影响那些已经很熟悉产品主创、有购买需求但因为一些小问题没有购买的用户，肯定要容易得多，成本也低得多。

这就是先做分析，再做决策的好处。找到"幸运区"的数据，能让你更幸运。

二、数据在工作中的四类作用

那么，如何让数据做好"镜子"，帮助企业更幸运呢？

数据分析在日常工作中可以起到四类关键作用，也代表了四个循序渐进的步骤，分别是：反映客观真相、准确量化评估、定期优化迭代和驱动业务发展。

1. 反映客观真相

这一点听起来像是一句废话，实际上是最重要，又极其容易被误判的一点。

数据固然具有呈现事实真相的能力，但这需要采集数据的人不带着主观经验和态度去收集。我们要收集的数据与信息，是让企业了解自己真正的样子，而不是"你经验中的样子""你想象中的样子""你期望中的样子"。

不知道你之前在做一些关键性决策的时候，是都认真进行了情况分析，基于客观事实来做思考的，还是只是简单整理了一下思路，就开始依靠经验或灵感做了判断？

只有基于客观的、正确的事实前提，后面的分析判断才能"有据可依"。很多我们耳熟能详的调查主题，都是源自这个出发点，比如"北京市'90后'薪酬情况调研""二线城市未婚人士结婚意愿调查"等，都是为了快速了解事实真相所进行的数据采集。

如果一个人，现在需要做一份年度传播计划。但对于品牌的影响力现状，企业的用户基数，用户对品牌的认知情况、好感度和购买情况全都不太了解，或者只是简单了解，就开始写方案，就算他再才华横溢，方案也是不敢用的。因为没有调查就没有发言权。

2. 准确量化评估

基于客观真相，接下来就可以进行量化评估了。也就是判断一下：之前发现的这些事实，比如企业的影响力、用户的基数、产品的销量等，真实效果怎么样，做得好不好。

也就是，了解自己的位置。

这是一个对比分析的过程，选择"评价的标准"很重要，也就是"和谁去对比"。可以选择和上年同期自己的成绩对比、和核心竞争对手对比，也可以选择和行业平均水平对比，等等。

"评估的维度"也很重要，即选择哪些核心指标来进行评估。例如，评估一个线上营销活动的效果，在维度上可以使用"活动的网络曝光总量""参与用户的数量""活动的互动数量""产品的销量""目标用户的营销覆盖率""每千人曝光背后的营销成本"等多个维度。那么，选择什么样的维度最能反映真实的效果，并且还能对业务的改进有帮助呢？这都是需要认真思考的。很多的行业乱现象，比如购买假粉丝、假曝光等，固然有急功近利之人钻空子、挣黑心钱的原因，但也有评估方法上的问题。当企业设置的评估维度片面潦草、不合理、不科学的时候，执行方也会被 KPI 压得疲于奔命，而丧失了原本做事的初衷。

举个极端一点的例子，某企业做了一个小红书账号，目标是提升品牌对一线城市高端用户的影响力，给的评估维度是：粉丝数量一年增长 1000 万个。

按照这个评估目标，执行团队人人都是营销鬼才，且运气特别好，还得预算管够才行。因为高端用户人数本身就远低于普通用户，小红书平台的运营算法又是内容至上，平台上面拥有几十万粉丝的账号，就已经是影响力不错的了。在这样一个"魔鬼目标"的鞭策下，如果再加上"完不成就不给付尾款"，你再去看"购买假粉丝"这种数据造假行为，是不是又觉得水军公司也就没有那么"可恨"了？

其实里面最大的问题，还是营销团队。因为他们没有在项目开始的时候，想明白怎么评估是科学合理的。没有在企业负责人提出这个"拍脑门"目标的时候，坚定地拒绝并给出理由和解决建议。

关于量化评估到底怎么做，KPI 怎么制定才科学这个主题，我会在后面第三章详细展开。但要说明的是，量化评估不仅是用来判断关键性工作或项目的成果，日常的工作中也时常需要用到。比如，广告公司出了两个版本的平面广告，哪个实际投放的效果好呢？可以先做小规模的测试，评估相对的成绩，选一个测试结果好的广告进行大面积的市场投放。再如，企业内部组织员工培训，结束之后给大家发了一个满意度调查问卷，以了解大家的真实感受及培训的效果。

3. 定期优化迭代

优化迭代，也是前面做评估的目的。基于事实真相，和对过往工作的准确评估，你可以进一步思考和找到下一步发展可以改进和优化的空间。

这个价值点在很多部门的实际工作中都很受重视，无论你是在运营部、产品部，还是市场营销部，可能都遇到过基于数据来做优化的工作。比如，通过产品的运营数据和产品满意度调研来优化调整产品和服务的内容。或者通过监测一个传播活动实际在市场上取得的反响，也就是"传播效果监测"，来调整下一步的传播计划等。

听起来很简单，在实际工作中，却常会发现知易行难：明明仔细分析了运营数据，也认真做了用户满意度调查，等到做优化建议的时候却提不出什么有效的见解。

究其原因，有可能是分析水平尚需磨炼，也有可能是前两个步骤没有做到位：事实呈现得不够全面真实，或者评估得并不周到准确。比如，小王为了给产品做优化，认真做了用户访谈，收集大家的建议。但访谈对象大多是企业内部其他各部门的领导或自己的亲朋好友，真正的用户样本很少，而且这群人里还有一些没用过这款产品的，对产品有着想当然的理解。就算"认真"做了访谈，结合了这些信息去进行优化，也势必会有偏差，因为调研样本本身是有问题的。

所以无论是信息收集还是评估，都需要一步一个脚印地稳扎稳打，这是精准优化的前提。

最后提醒一下，优化迭代是需要定期进行的。产品上市之后或者营销活动开展的过程中，企业需要定期了解工作的进展并快速作出调整和反馈。在传统媒体时代，由于传播渠道有限和信息收集困难，大家无法很频繁地做出优化迭代。这些限制在今天早已不存在了，而且由于信息化环境的升级，面对复杂多变的市场环境，不快速高频地进行优化迭代，很容易跟不上市场的"节奏"。

4. 驱动业务发展

数据分析最重要的价值体现——对关键性的战略决策作出洞察，并且驱动业务的发展，这是基于前面三步的深化和落地。

当企业持续一段时间收集数据、评测、进行优化并收集策略的市场反馈之后，手中累积的高价值信息资产越来越多。这些数据信息在制定下一阶段的市场战略、用户策略，产品创新或品牌定位提升等层面都至关重要。

除了使用数据来进行上述关键性决策，如果企业拥有的数据足够丰富，甚至可以通过建模来直接驱动业务。这两者的区别在于，做决策的是人还是数据本身。

前者很好理解，后者我举一个例子。起步于支付宝的蚂蚁金服集团，旗下有一条业务线，主要是为有需要的线上小微企业提供金融服务，比如贷款。

传统银行在做企业贷款的时候，流程是这样的：

（1）接到一个贷款需求；

（2）银行收集该企业的相关数据以作评估；

（3）评估通过；

（4）发放贷款。

在评估的时候，如果企业规模不大，线上信息有限，有的时候银行甚至需要派专人去企业实体店铺蹲点来进行数据的采集。比如，一家美甲店向银行申请贷款，银行会派一个信贷员到那家店铺里，收集相关的关键性信息，如日客流量、产品种类、日交易额、服务评价等。随后，银行会根据这些数据的评估来进一步判断是否贷款、贷多少。

这个过程里，数据固然重要，但决策还是由人来进行的。

但蚂蚁金服这个产品的贷款业务不是这样的流程。他们先是发现很多网店店主是有贷款需求的，但去找银行贷款又很困难。因为他们的规模太小，融资的额度又低，还没有抵押品，很难通过银行风控这一关。可是这些店铺的很多关键性数据，在淘宝平台上是都有的，而且十分丰富，完全可以通过这些数据来判断店铺业务的健康程度。

于是，他们最先通过自己的理解去给部分店铺发放贷款，然后进一步收集数据，跟踪和分析贷款行为给店铺带来的影响，研究一些关键数据和还款违约率之间的关系，不断优化放贷逻辑。很快，他们就拥有了成熟的贷款模型，从而可以由数据后台自主决策。在这个案例里，前期还是由人来做决策，但伴随

好主意不是好营销 用好数据，卖货给力

着模型越来越成熟，就变成了数据决策。

无论是人决策，还是数据决策，收集和分析数据都是为了让商业决策更准确和高效。每个人其实都在各种数据中生活和工作，你可能已经把它当成空气一样对其习以为常了。如何发掘背后的价值呢？

我们要先从了解日常可获取的数据类型和方式开始。

第三节　日常工作，用好这四类数据

日常工作中，常用的数据类型都有哪些呢？我为你总结了以下四类，它们分别是：

- 大数据
- 二手数据
- 海量数据
- 小数据

这四类数据各有所长，下面我将逐一为你介绍。

一、"火爆"的大数据

说起数据类型，你可能脑海中第一个蹦出的词就是"大数据"。几年前，你可能会因为没有听说过这个词而被鄙视"落伍"，今天就不会了。一个原因是没听过的人越来越少，另一个原因是大家太熟悉这个词了，就不再觉得了解大数据是什么了不起的事情。

打开百度指数（一个反映网民在网络上搜索关键词的搜索

量趋势的免费工具）搜索关键词"大数据"，可以清晰地看到它在国内的热度趋势（见图1-4）。自2012年起，这个词以燎原之势火遍全国。到2018年，这个趋势开始放缓，除偶尔因为特殊新闻事件导致的搜索量激增外，慢慢成为一个常态化的搜索量级。

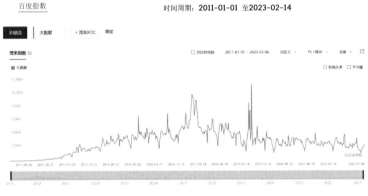

图1-4　百度指数搜索关键词：大数据

这个概念最早在国内火起来，是因为美剧《纸牌屋》。有人甚至用"巫术一般的精准"来形容在这个剧的创作过程中，大数据起到的作用。

据说，《纸牌屋》的数据库拥有超过3000万用户的收视选择数据，还有几百万条评论和主题搜索数据等。节目拍什么、谁来拍、谁来演、怎么播，都是基于对这些数据的分析统计来决定的。无论是用户研究、内容偏好，还是内容转化，都有数据的引导，从而实现了内容创造的C2B（Customer to Business），也就是"由用户需求决定内容生产"。

这个在当时看来神奇、神秘又带着高科技光环的故事瞬间点燃了这个概念的热度。那段时间，打开知乎（一家网络问答社区和内容创作平台），大数据的问题俯拾皆是。很多不同行业的人士都纷纷提出了类似的问题：

　　游戏行业，大数据该如何应用？

　　大数据在金融行业有哪些应用前景？

　　大数据在石油行业可以干什么？

　　大数据在电信行业的应用目前的状况如何？

　　大数据会如何改变管理咨询行业？

　　大数据在铁路行业的应用是什么？

　　大数据会对审计行业形成冲击吗？审计行业是否会因此而消失？

　　大数据对财务行业会产生什么样的影响？

　　传统行业如何搭建大数据团队？

　　…………

不是"怎么用"，就是"未来会怎样"，或者"如何搭建团队"。

由于关注度居高不下，便出现了很多"蹭热度"的行为。比如披着大数据的外衣来吸引眼球，其实只是用了"大量的数据"，东拼西凑了一些信息，推出一些似是而非的结论。或者打着大数据的旗号，其实只是为了宣传自身的产品或品牌。

大数据之所以叫大数据，是因为它有五大特性，由 IBM 公司提出。这五大特性也称为 5V 理论，是由五个以字母 V 开头的单词组成的，分别是：

- 大量（Volume），指数据量巨大。
- 高速（Velocity），指时效性很好。不像部分数据类型的获取周期比较长，有的时候昨天产生的大数据，今天就能够拿到。
- 多样（Variety），指维度很多。有的数据类型只有单一维度或少量的分析维度，但大数据不仅数据量巨大，其中包含的维度也很多，方便大家进行多角度的分析思考。
- 价值（Value），指数据背后的分析价值和研究意义。
- 真实（Veracity），大数据都是基于自然产生的事实数据，这些数据原始不虚，没有经过二次加工。

当数据同时具备这5个特性的时候，就可以称之为大数据。比如说我们耳熟能详的很多平台，像阿里、腾讯、百度等，都是拥有大数据的。

以每年"双十一"的淘宝数据为例，"双十一"前后的平台数据量是非常巨大的，绝对是"大量"的数据。它的时效性也很强，当天的数据，平台很快就可以进行整体分析了，很"高速"。数据的维度也很多元，有销量数据、热门购买时间分布、价格趋势、收藏趋势、退货数据等，是"多样"的。数据的商业价值也毋庸置疑，你可以从中看到国人消费重点的变化，看到不同企业的产品兴衰，看到不同品类的特点等，是有"价值"的。最后，这些都是源自用户真实行为产生的数据，也就是事实数据，是"真实"的。

大数据本身固然价值非凡，但基于企业的需求和成本考虑，以及我看到的一些大数据"神话"的现象，我在这里想泼一点

"冷水"。

以前面说到的《纸牌屋》为例。更准确一点的说法也许是：大数据分析是《纸牌屋》成功的必要条件，而非充分必要条件。与其说是大数据成就了《纸牌屋》，不如说是《纸牌屋》大大提高了"大数据"的影响力。

原因有以下三点。

首先，数据确实能帮助制作方了解用户的过往内容偏好。但是用户曾经喜欢不代表未来也会喜欢。未来有无数种可能性，人们未来的口味太难预估。到底拍什么样的故事、选什么演员会火，依然需要制片方和导演的经验、直觉，以及赌徒式的决断。

其次，数据能够帮助制作方实时了解用户对已播剧集的喜好，从而优化未来的剧集内容。但是数据无法完全代替创意，再好的故事梗概如果遇上不好的内容编辑，依然会被埋没。

最后，数据是"死"的，通过数据得出什么结论要靠人。同样的数据，不同的人可能会得出完全不同的结论。因此，客观存放在那里的数据，背后的价值能否被挖掘，以及能被挖掘出多少，也有很大的不确定性。

有的人会误以为掌握海量数据就等于拥有了数据分析的能力，这是不对的。其实，就连《纸牌屋》的编剧约翰·曼凯维奇对中国用户热议的"纸牌屋通过大数据大获成功"的观点也觉得莫名其妙，并坚决否认。他曾在接受《北京青年报》采访时明确表示："一部剧的走红，关乎导演、演员，更关乎有创意有深度的故事与讲述故事的手法，但市场本身充满了偶然性，并非数据能够算出的。"

数据都是要靠"人"来分析的，就算是前面谈到的蚂蚁金服集团的"数据驱动业务"案例，前期的建模和迭代也依然要靠"人"来打好基础。

大数据确实有用，但可能并没有你想象中的"那么"有用。

二、有"大局观"的二手数据

二手数据，也称次级资料，是一种相对于原始数据的表达，是指那些并非为企业正在进行的某一个研究或者是项目做的数据统计。二手数据有的来自第三方公司做的趋势性分析和总结报告，有的来自企业或机构数据。

与收集原始数据的辛苦相比，二手数据的获取往往成本低、难度低、获取迅速。很多数据公司或商业咨询公司定期会对外免费发放或售卖一些二手数据报告，比如，《假日购物趋势报告》《中国电影营销数字化发展分析》《中国餐饮营销力白皮书》，还有类似的《消费者与零售趋势报告》《中国新富群体价值研究》等，都属于二手数据（见图1-5）。

图 1-5 二手数据报告示例

由于常由第三方中立公司分析完成，并且会综合宏观行业发展、政策变化等因素，二手数据并不会只站在某一家企业或某一款产品的角度思考问题，而是会站在时间趋势、行业趋势、用户趋势、政策环境等多个角度综合分析判断，可以说是非常有"大局观"的数据类型。

这种类型的数据非常擅长呈现趋势性、宏观的信息，例如，行业发展的趋势、竞争的态势和格局、产品格局、用户的整体特性，等等。在商业分析的时候，二手数据可以帮助我们突破视角的局限，为进一步的研究奠定分析基础。

那么去哪里获取二手数据呢？我为你总结了一些不同的渠道类型。

1. 搜索引擎

你可以直接打开百度或其他搜索引擎，输入某某报告的关键词，或者希望了解的主题关键词，来进行检索。例如，想了解"90后"用户的整体情况，可以输入"90后消费者"＋空格＋"报告"来进行模糊搜索。把想要搜索的相关名词用空格连接，可以搜索到同时包含这些词的内容。

2. 聚合类报告平台

有一些网络平台，专门汇总各行报告提供给有需要的用户，例如，199it、镝数聚、TalkingData、洞见研报等（见图1-6）。建议平时发现这类平台后，随手存在浏览器的收藏夹里。

这类平台使用的时候十分方便，在搜索栏输入关键词，例如"奶粉"，就立刻出现很多报告。你还可以按照报告类型、标签、行业、报告发布的时间等维度来进行挑选。

图1-6　报告平台示例

3. 官方机构

官方机构是很容易被忽略的"数据宝藏",因为大家会下意识地认为二手数据都是报告的形式。其实,所有趋势性的数据分析和总结,都属二手数据。而且很多报告里面,涉及人口、GDP、受教育水平等的全民数据,都是引用自官方机构的。

官方机构权威性很高,部分数据的采集也只有它们可以做到,如国家统计局(见图1-7)、一些垂直的行业协会和学术论坛等。你可以找到这些机构的网站,进行站内检索。

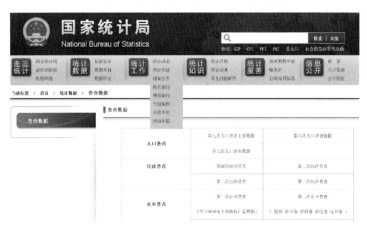

图1-7　国家统计局官方网站

除了我国的国家统计局，你还可以去其他国家的统计局网站查找国民数据，例如，日本统计局、韩国统计局、德国统计局、美国统计署、俄罗斯统计局等。

4. 咨询公司及投资机构

在咨询公司和投资机构的业务范畴里面，二手数据报告的制作和发布也是其中的一项。因为在分析领域的强大基因，它们的报告常常更有深度，主题性也更强。前面说过的聚合类的报告平台，就是聚合了很多这类机构的报告。

这些机构都各自有擅长的领域，有需要的时候，你可以去它们的官网或公众号来进行搜索。国内外比较有名的咨询机构，在这里我罗列一些供你参考（排名不分先后）：

德勤、普华永道、埃森哲、麦肯锡、罗兰贝格、毕马威、贝恩、尼尔森、益普索……

你还可以去投资机构的网站搜索，比如，IT 橘子、IBM 商业价值研究院、投资中国网，等等。

5. 数据及监测机构

这类公司的主营业务基于数据采集和监测，为企业或机构提供智能化的洞察。在数据的内容和时效性等层面，有着天然的优势。它们出品的报告往往更前沿、更紧跟热点。

我为你列举了一些当下在各领域做得不错的数据及监测机构，在找报告的时候，你可以添加这些机构的关键词，或者直接去它们的官网进行检索：

艾曼数据（娱乐行业大数据）、明略科技、CNNIC（中国互联网络信息中心，每年发布《中国互联网络发展状况统计报告》）、百度数据研究中心、腾讯大数据、阿里研究院、360 研究报告、易观、艾瑞……

其中也包含一些大数据机构，由于拥有大数据，这类机构出品的报告数据维度多、数据体量大、时效性也很不错。

6. 垂类头部公司的报告

垂类头部公司，是指某一个垂直领域的头部企业。例如，当前短视频领域的抖音，手机地图领域的百度地图、高德地图，外卖领域的大众点评、美团等。

这些企业由于在自身的细分领域市场份额高、用户基数大，它们针对该领域的趋势报告，也能够反映行业态势。例如，高德地图的《中国主要城市交通分析报告》、大众点评的《吃货消费数据报告》等（见图1-8）。

图1-8 行业头部企业发布的报告示例

如果你想了解的行业市场占有率很集中，也就是说，头部企业的市场占有率很高，比如高达80%以上，那么这些头部企业所发布的行业报告是很有研究价值的。

7. 财报

同垂类头部公司报告类似的逻辑，很多上市企业的财报数据也很有研究价值。这些上市公司在行业里业绩出色，用户基数大，其财报里的数据真实客观，又定期公布，可以从中看出很多有趣的信息。

找财报的方法也很简单，如图1-9所示，在搜索引擎中输入"目标企业名称" + 空格 + "IR"（Investor Relations 的缩写，指投资者关系），就能够找到对应的财报页面。

图1-9　企业财报搜索示例

二手数据的研究在商业分析中是很重要的一环，它可以帮助企业跳脱出自身狭窄的视角，放眼全局和时代，作出更有利的判断。

三、"物美价廉"的海量数据

海量数据是指在某一个垂直领域，以海量网民相关的行为数据为基础的一种数据类型。它的归类是伴随着很多好用的数据工具，尤其是指数类工具的兴起产生的。

百度指数、头条指数、爱奇艺指数、微信指数、算数指数、猫眼专业版（提供针对电影票房、网播、电视类内容的数据）

等，这些指数类工具都是对应领域的头部公司开发的可视化数据产品，很多功能免费开放。一些具有大数据能力的公司也推出了海量数据工具。例如，百度是具有大数据能力的公司，但百度指数是一个海量数据工具，因为它只抓取网民有关搜索的数据，所以不能称作大数据，只能说是"海量"的数据。

海量数据维度虽然有限，但是好用。在使用的时候，通常是以关键词为索引进行的有针对性的研究。刚提到的这些指数类工具，都是给出一个个关键词的指数变化。你可以通过这些变化对比，来获取想要的答案。

例如，打开算数指数，搜索关键词"投影仪"，选择想要看的平台为"抖音"，然后选择想要了解的时间段，你可以很直观地看到在这段时间内，在抖音平台上，用户谈起"投影仪"这个关键词的热度和趋势（见图 1 - 10），还可以进一步点击热度高点，了解背后大家在谈论什么。

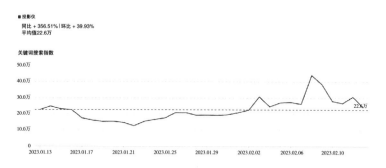

图 1 - 10　算数指数示例，关键词：投影仪

除了呈现关键词的热度趋势，通常这些指数类工具还能提供对应用户的一些社会学属性信息，例如，性别、年龄、地域分布等，以及该关键词的热门关联词信息。使用很方便，可以

说是"立等可取"。

如果你发现想要研究的关键词，没有现成的指数类工具可以使用，也可以直接找数据公司来定制。

例如，你想了解某款产品及竞争对手的用户口碑情况，而且想综合了解多个社交平台的数据。如果使用现成的指数类工具，一来只能反映一个平台用户的表现；二来如果对某些发现想要深入研究的话，免费的功能往往不能支持。这个时候，你就可以把这些关键词发给数据公司，要求对方帮忙抓取一段时间，比如半年之内，在所有热门社交平台上这些关键词的整体趋势、讨论的内容、对应用户的构成等，并做成分析报告。数据公司能提供很多的数据收集和分析维度，你可以按照需求来定制。

对应的价格跟分析的数据量和分析难度都有关，日常的分析需求一般在几万元，并不贵。高效的数据公司一周左右就可以制作出一份不错的分析报告。

在报告中，除指数类工具可以提供的那些传统分析维度外，你还可以看到关键词的高关联词云图，如图 1－11 所示。

图 1－11　关键词的高关联词云图示例

这张图可以反映网民在谈论该关键词的同时，还谈论了哪些热门的关联词。例如，关联词是某品牌的金饰产品，从词云图中可以看到，网民在讨论这款产品的时候，很多人同时在谈它的"纯度高""接地气""口碑好""工艺好"，也有很多人在谈论其背后的品牌"上新慢"的问题。

词云图有不同的形式，在这款图中，词的大小表示着关联度的高低，字号越大，表示同主题关键词的相关度越高；字号越小，相关度越低。不同的颜色则可以区分出语义上的正负面。

海量数据的分析比起大数据来说成本要低得多，虽然数据量远比不上大数据，但是对于企业级的分析需求来说，常常已经很够用了。

四、"洞悉人心"的小数据

小数据，也叫调研数据，它的采集方式有定性调研和定量调研两种。优秀的调研可以非常高效地帮助企业洞悉用户内心。

如果说"谈其者众，知其者寡"的大数据是最容易让人感到"不明觉厉"① 的数据类型，那么，小数据可以说是最容易被低估的那一类。很多人会觉得"都大数据时代了，还做什么调研啊"。

事实上，大小数据在分析中常常是紧密结合、互为补充的。并不是数据"大"，结论就一定是对的，小数据也并不是"过时的""应该被大数据取代的""20 世纪的手段"……

其实，大数据作为客观呈现用户行为的事实类数据，是难以还原用户内心世界的。它更多的是呈现用户的行为事实，如

---

① 网络流行词，表示"虽然不明白其中的意思，但感觉很厉害"。

用户出行的常用路线、在短视频平台的关注账号、收藏的内容、在购物平台的购买行为，等等。但上述这些行为是怎么产生的？背后的动机是什么？用户为什么会喜欢某个产品？为什么会多次购买……这些关键的问题都不属于行为层面，而是心理层面的。这类跟心理、跟态度相关的问题，往往是企业更关心的。这些信息，大数据是难以准确拿到的，却是小数据最擅长的。

调研分为定性调研和定量调研。

定性调研：指针对那些难以量化分析、不能用数字来概括的问题和现象，通过非结构化询问或者观察的调研手段，来挖掘问题、理解事物、分析人类的行为与观点的方法。

常见的定性调研方式有单人深访、焦点小组访谈（见图1-12）、入户访谈、现场观察法等。

图1-12　定性调研——焦点小组访谈示例

定量调研：指针对一定数量的有代表性的样本，进行封闭式的问卷访问，然后对调查数据进行收集、整理和分析并得出结论的方法。它也被称为问卷法。

常见的定量调研类型有网络问卷调查（见图1-13）、街头拦截问卷调查、邮寄调查、留置调查等。

图1-13　定量调研——网络问卷调查示例

这两类调研方法相辅相成，定性调研最大的意义在于帮助企业"开阔眼界"。通过与用户的近距离沟通，开放地、不设限地了解用户的真实生活和选择，企业常会发现，用户的真实想法跟自己的预期并不一样，甚至有可能大相径庭。

真实的世界、真实的用户常常跟企业的预期不同。发现这些不同，发现一些关键性的现状和企业需要进一步研究的问题，是定性调研的目的。

定量调研的最大意义则在于，基于定性调研的发现，通过大样本的调查进行量化的呈现。

也就是说，定性调研用来发现重要的问题，定量调研则通过大量的样本调查，以统计学的严谨去判断这些问题到底有多重要，或者说，多少比例的用户觉得它重要。

小数据调研可以说是还原用户心理的"大杀器"和性价比之王。

小结

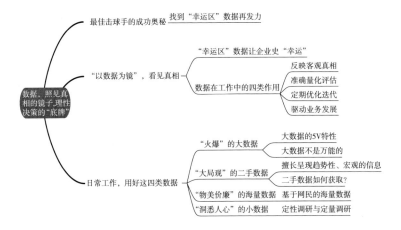

以上就是这一章的全部内容。数据是照见真相的"镜子"，也是我们提高效率、科学思考的利器。

很多时候，无用、低效的努力源自我们站在一个错误的事实前提下做事，没有对自身的现状和业务表现有相对清晰的认识。

因此，数据在日常工作中的第一大应用，就是"呈现客观事实"。这里是指围绕着企业研究主题进行的事实数据的多元视角采集，而不能是单一视角或主观视角。然后，基于事实，选择合适的参照物来进行量化的评估，从而对自身的表现和位置有相对清晰的认知。再基于这些发现，思考如何在日常工作中进行优化。长期做这样的"事实层面数据采集→评估→优化→基于数据反馈再评估→再优化……"累积后，慢慢就可以有更深层次的洞察和大策略上的调整。

在数据获取上，我推荐四种数据类型，分别是大数据、二手数据、海量数据和小数据。这里有人可能有疑问，这四种类型的数据似乎不符合"MECE 原则"（MECE 的英文是 Mutually Exclusive Collectively Exhaustive，中文意思是分类彼此之间"相互独立，完全穷尽"，是一个很有用的分析原则）。

二手数据里其实会用到或引用海量数据、大数据分析或调研数据的结果。海量数据似乎又可以说是大数据的一个部分或者说是不完整版。为什么要这么写呢？

因为，数据的严谨分类，是从数据角度出发的归纳总结。而在应用中，大家更需要的是日常工作中的"对号入座"，能知道遇到什么类型的问题时，可以去哪里、去找哪个类型的数据来帮助判断。这四类数据对应着不同的数据源、数据的不同特征、处理数据的不同方法，以及它们擅长解决的不同问题。例如，很多人在工作中并不需要动用"大数据"，海量数据就可以满足需求。所以，哪怕它们中会有所重叠，让人可以在真实的应用上能快速对号入座可能更重要。

我观察到，对于很多行业的从业者来说，大家的业务离数据很近，但是日常的工作内容离数据很远。统计学、传统的调研之类的内容从底层逻辑上对工作是有用的，但是从操作上又会让人觉得难以上手。这中间最关键的欠缺，就是从应用层面的解读。也就是说，从应用的层面了解和使用数据。

想要用好数据，并不需要专业的统计学出身，或者具备编程、建模等的能力。要先打开自己的视野，大范围地面向各类数据公司或自己公司的数据部门伸出"橄榄枝"。知道大家在做什么，能做什么，知道自己的工作能用到哪些数据工具，这些工具可以解决哪些问题。

下一章，我们将从典型的业务问题出发，聊一聊企业的钱，究竟是怎么被"浪费"的。

第二章

精准捕捉市场机会点

给产品做宣传是所有企业都要面对的课题。如果宣传的内容可以切中目标用户群体的内心，企业就能更好地把握住市场机会。广告圈有一句经典的感叹：我知道至少有一半的广告费是浪费的，但不知道是哪一半。

大数据也解决不了这个难题，就算可以通过种种技术手段，给用户打标签，然后通过标签的定位"精准投放"。但你把广告单直接伸到用户的面前，他们就会认真看吗？

人心并不是数据技术可以完全掌握的。

现在，请回想一下你本周的行程，出过几次门，使用了什么交通工具，到过哪些地方，做了些什么？

在这些行程中，你一定面对或遇到了很多个广告吧？

比如，你坐电梯的时候，电梯墙上有视频或平面广告；你走出小区，小区门口车辆感应杆或者行人感应门上会有广告；你打车、坐公交、坐地铁，都会在车座背后、站台处等地看到广告（见图 2-1）。

你走在街上，能看到商场外墙广告、公交车身广告、过街天桥桥身广告、路边广告牌，甚至是地上有的时候也会看到修电器、通马桶的小广告单，或者遇到凑到面前问你"游泳健身了解一下？"的传单小哥。你跟朋友约在咖啡厅喝点东西，桌上的智能呼叫器上会有广告。在等朋友来的过程中，你打开手机上的视频应用软件，想追一下之前没有看完的热门电视剧《狂飙》①，选好剧集后，要先看110秒的广告才能开始。

图2-1 各类广告充斥人们的日常生活

太多了。广告"包围"了我们的日常生活。

但这过去的一周里，你又记得哪一个看过的广告？它是什么品牌，在卖什么产品？

能否想起一个？

这个小互动我在很多场合都做过。大家总是回忆得很艰难。

绝大部分广告在我们身边快速经过，没有留下一点痕迹。

在数据的"加持"下，企业可以通过各种标签，找到他们

---

① 《狂飙》，由中央电视台、爱奇艺出品，留白影视、中国长安出版传媒联合出品，中央政法委宣传教育局、中央政法委政法综治信息中心指导拍摄，徐纪周执导，张译、张颂文等主演的反黑刑侦剧。首播于2023年1月14日。

认为的理想用户，比如"女性""中等以上收入""生活在北京""年龄 20～30 岁""用苹果手机"等。然后通过选择合适的广告渠道把内容推送到"目标用户"面前。你在不知不觉间，可能已经被选为很多企业的"目标用户"，并且他们也成功地让你看到了广告。也许你在等待电视剧播放的那 110 秒片头广告里，你看到的其实就是对方"精准投放"的结果。

但"看见了"和"看了"是两码事。

数据技术可以提供很多有价值的信息，补充局限的视野，但想要提升决策效率，避免营销浪费，还需要更多商业逻辑和用户逻辑上的思考。

第一节　产品为什么这么难卖？

一、"多余"的品牌与二元法则

生意不好做。

大部分的初创企业会在前三年"死"掉。

创业初始，大家满怀着巨大的憧憬和期望："长江后浪推前浪！我司产品/服务一经推向市场，一定会引起海啸般的轰动，用户喜爱自不必说，市场上大概也会出现众多模仿者呢。"大家怀抱着这样的心情，百米冲刺般地涌入市场，投广告、做活动、推病毒视频、找网络红人合作、拓展销售渠道……

一段时间后，很多企业支出与营收无法平衡，握着干瘪的口袋倒在沙滩上。

美国《财富》杂志报道，美国中小企业平均寿命不到 7 年，大企业平均寿命不足 40 年。而《中国中小企业人力资源管理白皮书》调查显示，我国中小企业平均寿命仅 2.5 年，集团企业的平均寿命仅 7~8 年。2019 年，我国有超过 100 万家企业倒闭，其中超过 90% 是中小型企业。更不要提之后的疫情，全球经济受到冲击，各个行业都要在变化中寻求发展，这对企业的考验更加严峻。清华大学的统计数据显示：2022 年上半年，全国一共有 46 万家公司宣布倒闭，一共有 310 万个左右的个体工商户注销。

年纪大一点的人常感慨：现在的生意真不如以前好做。

确实如此，在当下，很多行业已经处于充分发展和竞争的状态，企业很难再享受到行业红利了。

服务福耀集团的时候，有一次我们对高层管理者进行内部访谈。在面对集团行业的地位和取得的荣誉时，不止一位元老很清醒地表示："努力当然是努力的，但努力的企业有很多。我们更是幸运的。当时正好赶上汽车行业在国内高速发展的浪潮，由于汽车制造业快速崛起，汽车玻璃的市场需求量暴涨，我们的业务势如破竹。"

在我小的时候，20 世纪八九十年代，很多品类的品牌一只手就数得完。比如谈到自行车，也就凤凰、飞鸽、永久之类的牌子。大家不会面临眼花缭乱的购买选择，对老字号的"忠诚度"也比较高。在这个环境下，企业是占据"话语权"的，甚至有一种"我生产什么你就买什么"的优越感。这并不是由于产品有多优秀，而是缘于行业快速发展带来的红利。

现在，很多行业的红利期早已结束。

刚才，我打开京东，搜索关键词"自行车"，出来的品牌足足有四百多个。不知道你现在脑子里能想起的自行车品牌又有几个？在用户这里，大部分品牌是"多余"的，他们记不住那么多，也不想了解那么多。

用户的心里能装下多少个品牌呢？

根据哈佛大学心理学博士米勒的研究，用户的心智中只能为每个品类留下七个品牌空间。后来定位之父杰克·特劳特先生把这个数字进一步缩减到了两个。这就是"二元法则"：

> 在一个成熟的市场上，营销的竞争会最终成为"两匹马的竞争"，每个市场都会变成双雄争霸的局面。通常，其中一个是领导者，另一个则是后起之秀，二者相互对立。如果一个品牌无法在同一品类中做到数一数二，就必须重新考虑战略。

在一个新品类发展的最初阶段，可能存在很多层阶梯，但到后来，品类阶梯只剩两层，比如乳业市场充分竞争后形成的第一梯队蒙牛和伊利，以及茶饮料市场的康师傅和统一，等等。

因此，当一个品类里充满了各种各样功能雷同、形象类似、价格相仿的产品时，对于身处其中的企业来说，生意当然很难做。用户只会去选择大品牌，或者选择自己喜欢的品牌。

从市场竞争层面，"二元法则"揭示了一个很"残酷"的事实：

> "凡有的，还要加倍给他，让他有余；凡没有的，连他有的也要夺走。"

有的时候，"大品牌"和"喜欢的品牌"不一定相同。市场上也存在只服务小众人群但活得很不错的品牌。这是因为，他们在用户的心智中做到了"二元法则"。也就是说，尽管销量并不是行业领先，但他们的产品赢得了某一类细分用户的喜爱，在这群用户心中，这个品牌是心智中的两个品牌之一。

就像喜欢日本作家村上春树的人会说：

> "世界上只有两种作家，一种是村上春树，一种是其他作家。"

要么在市场上做到数一数二，要么在目标用户心中的位置数一数二。否则，就算不断投入营销费用，效率也是有限的。

二、"多余"的广告低效投放

除品牌及产品太多形成的冗余外，广告信息的冗余也大大削弱了营销效率。

用户每天会看到大量的广告，但是对绝大部分广告是视若无睹的。这些内容并没有在人们的脑海里留下印迹，也难以转化购买。每个人的注意力是有限的，人脑无法同时看两个频道，也无法记住太多的信息。人脑会把它认为"不重要"的信息自动过滤掉。

这些都是由广告本身和渠道太多导致的。

20 世纪 90 年代，用户主要的信息获取渠道是电视、电台、平面媒体。媒体渠道有限，人民的阅读需求却很旺盛，对于这些媒介上的任何信息，大家都会注意到甚至反复阅读。甚至可以说，哪怕广告写得并不好，用户也会津津有味地读完。

供不应求，广告费自然会涨价。1993 年，全国主要媒体纷纷大幅提价。新闻联播的广告招标不断刷新纪录。中央电视台广告费增长两倍以上，黄金时段每 15 秒达 1.9 万～2.1 万元。这个数字现在看可能不高，但是 1993 年，我国城镇居民的人均生活费收入是 2337 元。

1993 年 1 月 25 日，上海《文汇报》开中国主流媒体之先河，首次在头版整版为杭州西泠空调机做广告，收费 90 万元，刊登了由奥美广告策划的广告语"今年夏天最冷的热门新闻，西泠冷气全面启动"，引起了业内的极大震动。当时很多广告语老百姓都能信手拈来，比如"喝孔府宴酒，做天下文章"的孔府宴酒，亿元天价"标王"的秦池酒都是来自那个年代。

众企业争抢"黄金媒体"的"黄金时段"，是由当时广告资源稀缺所造成的供不应求的局面。

现在，打开机顶盒，可以选择几百个频道。但用户日常看的频道，往往不会超过五个。很多年轻人甚至不会打开机顶盒，而是天天抱着 iPad 或手机，看抖音、小红书、爱奇艺就够了。

你一定明白我想说什么，媒体的红利时期结束了，那个只要投广告就能卖好产品的时代过去了。这提出了两个要求：

（1）广告的内容质量要更高、更精准；
（2）广告的媒体选择也要更精准。

第一点很好理解，以前广告少，大家对广告的关注度高，现在广告太多了，就算是高质量的广告，用户也容易视而不见。这使企业广告的投放效果变成了大难题，哪怕是有数据技术的支持。企业花钱购买了 DMP 广告（指通过人群的数据标签，进行受众的精准投放），然后你看到了这一则广告，这意味着你是被筛选后的"目标用户"，但很多人依然看不进去。也就是说，就算广告渠道选对了，内容无法令人在第一眼留下印象、产生兴趣，投放还是无效的。

所以，企业需要定期做目标用户的"画像"，了解他们的需求并思考如何用产品和服务满足他们，而不能凭直觉、凭经验、凭教科书去做产品和做广告。

为什么媒体选择也要更精准呢？把广告内容做好，然后什么类型的媒体最火就投什么不可以吗？就像以前大家竞争中央电视台的"标王"一样，只要当上标王，就可以被所有人看到。

因为现在的媒体极其分散，用户的注意力也极其分散，广告的投放成本却在上升。

秒针科技的监测数据显示，2017 年之前，国内广告行业的全网流量很长一段时间都保持着每年 20%～30% 的增长。这一数字在 2018 年基本持平，到了 2019 年 1～7 月同比下降 10.1%。到了 2020 年，疫情席卷全球，市场的广告流量更加受到影响。《2022 中国数字营销趋势调研》显示，有 63.1% 的广告主认同效果广告流量见顶、成本居高，品牌广告价值回归的观点。

"在电商平台，由于流量交易往往采取竞价模式，流量总量的下降，导致优质流量的成本持续上升，某些行业仅电商流量的投入就已占据商品售价的 20%～30%。"秒针科技表示。

对于广告渠道的成本来说，这是非常高的。就算如此之高，也不能闭着眼乱投，前面说过的 DMP 广告精准投放不是没有用，而是要好好用。企业要非常明确自己的目标用户及目标细分群体（有的产品目标用户不是一群人，而是有多个细分群体）的特点，目标用户的生活方式、触媒习惯，再以此为依据找到聚焦、正确的媒体渠道。然后配合高质量的广告内容，才能既让正确的用户看到，又让用户看进去。

三、品牌的"第一印象魔咒"

有的企业是靠"魔性广告"火起来的，但"火"有时候并不是一个褒义词。

这类广告在内容上不见得切入用户的内心诉求，但是妙在朗朗上口，或者通过"重复广告语"强行让用户留下印象。为了快速拿下用户的注意力，企业会以很大的手笔进行投放。一时间你会发现到处都是他们的广告，令人想忘掉也困难。

2008年的除夕夜，恒源祥开创了这类"魔性广告"的先河。在多家电视台的黄金时段，你会看到一个画面"静止"的广告，话外音从"恒源祥，北京奥运赞助商，鼠鼠鼠"，一直念到"恒源祥，北京奥运赞助商，猪猪猪"，以至于不少人以为电视机坏了……

后来，在同一条广告里多次循环播放的画外音——"恒源祥，羊羊羊"甚至被称为广告界的"恒源祥现象"。

在当时的媒体和行业环境下，这个行为是一种创新，效果也确实不错。于是很多企业开始"跟风"，弱化广告内容的创意，强调"朗朗上口"，强调大手笔投放，对用户进行洗脑。

一开始效果似乎都是正面的，用户对广告和企业留下了印象。但是，一条"简单粗暴"的广告给用户留下的是什么样的印象呢？伴随着企业的不断发展，伴随着企业品牌的日益成熟，企业"理想的形象"和当初让他们火起来的那个"广告形象"会有冲突吗？

常常是冲突的。

我做过很多"品牌再定位"项目，都是来自那个年代的企业。这类企业刚成立的时候，市场正处于红利期，他们并没有好好梳理品牌，也觉得没必要梳理。简单创作后就开始投放大量广告，往往走的都是薄利多销的路线，迅速跑马圈地。后来业务越做越大，发现产品的利润率上升空间很有限，想要推出高端一点的产品线，用户却不愿意埋单。因为，在用户心中，这个品牌就是一个"便宜的品牌"。

我把这个现象称为"第一印象魔咒"。

当一个品牌第一次出现在用户眼前并让对方留下印象的时候，这个品牌是什么风格、什么特点，它是平价的，还是贵的；它是国际化的，还是小城市的；它是适合这位用户的，还是不适合的，会瞬间进入用户的头脑中。

这个印象一旦形成，就非常难以撼动。

有一个服装品牌，叫作"海澜之家"。当我问起我的学员，对这个品牌有什么印象时，很多人会冲口而出"印小天""一年逛两次海澜之家""男人的衣柜"等。大家是因为很多年前印小天给海澜之家做的这则"魔性"广告记住这个品牌的。

很多人并没有买过这个品牌，但记住了当时这个五颜六色、载歌载舞的广告，并留下了深刻的印象。

后来，品牌方重新做了品牌定位，定期更换代言人，都是年轻人非常喜爱的明星，林更新、陈晓、"球王"武磊、周杰伦、许魏洲……他们也整体调整了服装的风格、配色。有一次，我把他们最新的服装平面广告拿给学员看，并且用手把广告上面的 Logo 盖住，让大家猜这是什么品牌。很多人都猜是"无印良品"。当我放下手，露出 Logo 的时候，大家很惊讶，因为在他们印象中，海澜之家还是那个五颜六色、载歌载舞的品牌。

这个现象很值得警醒，固有印象形成之后，品牌想要转换形象非常艰难，成本也非常高。有的时候，品牌为新定位花的钱比重建一个品牌还要高。因此，如果时间和资金允许，那么企业最好做好定位再大规模扩张。

"第一印象魔咒"也是生活中常见的一种心理现象，心理学上称作"第一印象效应"。我们认识陌生人的时候就是如此。

研究表明，人们在初次会面前 30 秒的表现，给对方留下的印象最为深刻。在第一次交往中给人留下的印象，会在对方的头脑中形成并占据着主导地位。因此，如果你要去一家心仪的公司面试，一定要好好整理一下自己的服饰外表，思考一下想谈的话题。拿到一个好的第一印象十分重要。

所以，我一直不建议企业做简单粗暴的洗脑广告。听到广告并留下印象的用户里，可能很多人是企业未来的目标用户。哪怕是当下的目标用户群体，也有可能会因此留下"错误"的印象。企业应当在投放广告之前，认真梳理自身的品牌定位和竞争策略，并深入了解目标用户群体。广告可以简约而不简单，不能纯靠嗓门大、重复洗脑来"搞定"用户。

综上，产品过多、广告过多、信息过多都会导致用户的注意力"拥堵"和选择困难，这也都是现在产品不好卖的原因。这导致了很多在以前应用起来效果不错的营销策略在今天却步履难行，"一招鲜"并不能永远"走遍天"了。

以前做企业，可能"遍地是黄金"，现在则"到处是竞品"。当红利时代结束，想要从竞争中胜出，就需要更多的技巧与更细致深入的数据分析了。

那么，如何在当下复杂的市场竞争和低效的广告传播环境下，找到属于自己的市场机会点呢？

第二节　市场机会点怎么找？

一、大数据捕捉市场空位

市场机会，是指有吸引力的、较为持久的和适时的企业发展和产品发展的空间方向。这个方向能够为企业的目标用户提供"创造价值"或"增加价值"的产品或服务。翻译一下，就是企业容易长久挣到钱的方向。

寻找一个好的市场机会点，切忌井底观蛙，而是要在全局视角和自身视角中做切换。前者是指站在行业发展、技术发展、竞争态势的宏观视角来进行思考的；后者是指站在企业自身的资源资产、发展计划，以及产品的视角进行思考的。也就是说，寻找市场空位，需要综合分析以下几个要素。

- 市场发展的大势所趋是什么；
- 什么是竞争对手不擅长或没有重点发展，却是用户需要的；
- 企业自身拥有和擅长的资源、资产和能力有哪些。

如果忽略大环境的状况和变化，只是闷头做事，就如同在没有指南针的大雾天气里海上航行。就算自认为是直线前进的，却可能离目标越来越远。

找到一个竞争对手不擅长，或者也许可以擅长，但对方在策略上并没有重视，而用户需要的方向，可以说是差异化胜出的关键点。如果大家在同一个方向上拼刺刀，那么最后往往会陷入同质化竞争的价格战上。

这个"对手不擅长但用户需要"的方向必须是企业自己可以做到的，也就是说，在企业自身的资源资产和能力的辐射范围之内。

听起来有些麻烦，但在数据的帮助之下并不难。

几年前，有一个来自海外的牙膏品牌计划进军中国市场。他们找到我们想做一个"市场机会分析"。

对于该品牌来说，中国市场的优势在于人口数量巨大，牙膏的消耗量大。但劣势也十分明显，牙膏市场是一个相对比较成熟的环境，已经挤满了大大小小上百个牙膏品牌。无论是功能、味道，还是包装、价格，每个领域都基本开发成熟了。

面对这么多的国内品牌，哪些品牌会是他的主要竞争对手？对于这个"外来的和尚"来说，要念怎样的"经"才能被中国的用户接受呢？

这个项目时间紧、任务急，最后，选择了使用百度的大数据来进行分析。历时两周左右，项目组的小伙伴回溯了半年之内，用户在百度上搜索牙膏相关的多个维度的关键词。去掉无用的噪声数据后，对数据信息进行了分类整理和相关度分析，生成了一张牙膏用户的关注热点图，见图 2 – 2。

通过这张数据图发现，"纯天然、可食用、孕妇儿童可用"是这片白热化竞争红海中的蓝海（为保护品牌隐私，本部分数据和结论经过处理，仅作示例展示，不代表真实市场情况）。

是怎么看出来的呢？

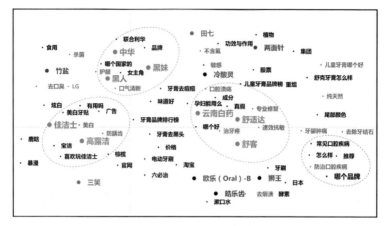

图 2 - 2　牙膏用户的关联热点图

图 2 - 2 展示的是用户的关联搜索行为，也就是说，用户在搜索牙膏相关词汇的时候，会搜哪些相关的词语。例如，在搜索某个牙膏品牌之前或之后搜索了什么，或者搜索某个牙膏品牌的同时提到了什么词，或者搜索了哪些希望用牙膏解决的问题，等等。

当搜索的用户足够多、数据量足够大，被最高频词提及的这些关键词就可以代表市场上用户对牙膏这一品类的关注热点。

在图 2 - 2 中，呈现了三个关键的逻辑线和分析方向。

1. 竞争格局和阵营

图 2 - 2 有三个大的虚线圈，这三个圈圈出的是搜索量最大，并且相互之间关联度最高的品牌。

每个词的大小和该词被用户搜索的总量呈正相关关系，词和词之间的距离则体现了不同词语之间的相关度。从品牌的角度看，这三个虚线圈圈住的品牌被用户搜索得最多，距离近则表示这些品牌词汇之间经常被用户高关联度搜索。

比如佳洁士和高露洁两个品牌的距离很近，这表示用户经常前后搜索这两个品牌，或者在搜索时同时写了这两个品牌，如"高露洁和佳洁士哪个好?""高露洁和佳洁士是一家公司的吗?"，等等。这两个品牌离旁边虚线圈中的黑人牙膏、中华牙膏又很远，这表示用户很少在搜索佳洁士或高露洁的时候搜索黑人牙膏、中华牙膏。

因此，这三个虚线圈都表示了整体被搜索量最大，并且关联度很高的品牌。关联度高常常是由产品竞争方向雷同或类似，或者用户"傻傻分不清楚"导致的。也就是说，距离近的品牌在用户心中常常难以分清或取舍，是竞争最激烈的对手。而不同的圈距离比较远，这代表了三个不同方向的竞争阵营。

另外，还有一些品牌散落在三大阵营之外，表示这些品牌并没有同其他品牌那样有明显的高关联度。

总结一下，通过不同品牌词的大小、距离，我们可以清楚地了解到牙膏市场在用户心中的格局。

2. 用户对热门品牌的态度

在每个品牌词的周围，还环绕着一些大大小小的名词或形容词。这些词汇代表了用户在搜索相关的品牌时提及最多的词。这些词同样按照关联度的大小进行摆放，关联度越高距离越近。例如，佳洁士的旁边近距离出现"美白""鹿晗""广告"等词，说明用户对这个品牌合作的明星、产品的美白效果非常感兴趣，经常搜索。

因此，当把这张图进行局部放大，我们就可以知道，用户对每个品牌都主要关注什么，态度如何。

3. 用户希望用牙膏解决的问题

在图 2-2 中的各处都散落着一些用户问题背后的关键词，比如去口臭、防龋齿、口腔溃疡、治牙疼、牙齿敏感、儿童牙膏哪个好等，代表着用户使用牙膏的功能诉求。有的时候，用户会直接搜索，如"去口臭用哪个牙膏""口腔溃疡用哪个牙膏"；有的时候，用户会同时搜问题和品牌，如"佳洁士牙膏美白效果好吗"。

因此，当这条逻辑线同时叠加到上面的数据结果中时，就可以看到，有的问题旁边，距离很近就出现了品牌的名字，表示这个品牌在用户心中同该问题的关联度最高。例如，佳洁士和高露洁距离"美白"非常近，表示这是用户心中该品牌令人印象深刻之处。

而有的问题旁边，距离很远才出现品牌的名字。这代表了这个问题被很多用户关注，但并没有品牌明显同该问题相关。例如，"纯天然""可食用""儿童牙膏哪个好""尾部色调颜色"①"孕妇可用"这几个词对应着一个方向，那就是可食用的健康牙膏。但是这些词散落在各处，并没有品牌同它们有高关联。虽然云南白药旁边也出现了"孕妇"字样，但是个疑问句"孕妇能用吗"，表示用户内心并不确定。

---

① 牙膏尾部色调颜色：牙膏底部颜色条是用于牙膏生产过程中产品封尾时的定位与识别，又名电眼定位点，常用的有红、蓝、绿及黑色等，作用是保证封尾时印刷版面居中。部分用户误认为牙膏尾部的颜色条代表着不同的成分构成，虽然已有专家辟谣但依然有不少人以此来分辨牙膏是否纯天然。

另外，右下角的虚线圈也有一个被用户经常搜索的需求——防治口腔疾病，这个需求的周围也没有品牌词出现。

从综合数据来看，可食用健康牙膏和防止口腔疾病的牙膏都是用户需求量很大的方向，并且没有品牌在该问题上解决得很好。也就是前面提到的"市场发展需要和大势所趋的"和"竞争对手不擅长或并不重点发展却是用户需要的"方向。

这就是当时我们用大数据为这家企业找到的市场机会点。然后，企业就可以根据自身的资源资产、产品技术能力来判断选择哪个方向来进行产品优化和市场推广了。

这里要注意的是，如果找到的机会点是企业不擅长的或做不到的，就需要继续寻找，而不是照着这个自己做不到的方向硬努力。或者广告欺骗，挂着羊头卖狗肉，广告内容和产品各说各的。

利用大数据或海量数据来寻找市场机会点是非常高效、快捷的。近年来，伴随着技术的进步，数据成本越来越低，能提供大数据分析服务的公司也越来越多，建议有需要的企业可以尝试一下。

二、没钱的小企业如何找机会？

牙膏品牌的故事是一个利用大数据寻找市场机会的案例，当时只用了两周的时间。但有的时候，行业里的头部企业都很认真地在做市场分析，大的机会点都已被发现并分割一空。虽然针对特定用户依然存在机会空缺，但需要有针对性地做定向研究，两周的时间是远远不够的。

也有的时候，市场机会点隐藏得比较深。用户无法清晰地说出诉求，或者认为自己的诉求"不会"或"不应该"有企业能做到。也就是说，用户的态度"隐藏"起来了，大数据识别不出来。

另外，还有一种情况，就是企业的预算不足以支撑大数据分析。

尤其对于中小企业和初创企业来说，常常面对的就是这样的市场环境和自身情况：行业里的头部品牌很努力，把主流用户研究得"门儿清"。不是没机会，但市场机会是不成形的、模糊的，自己的费用也不足。

不用大数据可以吗？

可以的。针对这类情况，企业可以进行有针对性的小数据研究，也就是用户调研，争取从"市场补缺"的角度思考自身定位。

用户调研的成本更可控，价格也往往更低廉。至于"市场补缺"型定位，顾名思义，是指"补缺"了头部企业的定位。具体是指那些选择不太可能引起大企业兴趣的、市场的某一细分领域，进行专业化经营的企业。这些企业为了避免同大企业发生冲突，往往占据着市场的小角落。它们通过专业化的服务，来补缺可能被大企业忽视或放弃的市场，进行有效的服务。但由于用户的需求量大，又有一定的专业门槛，甚至可能发展成小市场中的"巨人"。

1. 寻找心智空位，"补缺"头部品牌

2008 年成立的美图秀秀触发了"互联网美颜"这一领域，短短四年的时间，移动端用户突破 2 亿。此后，美图秀秀"乘胜追击"，又相继推出美图手机、美颜相机、美拍等，并切入美妆电商平台，精准踩上了美颜经济的风口。很长一段时间，整个修图软件市场里，美图秀秀一家独占八成左右的市场份额。

看到美图秀秀的成绩后，很多对手基于美图最红的产品功能——"滤镜"和"美颜修图"不断精进。他们推出了更漂亮的滤镜，更全面的修图功能。但依然无法撼动美图秀秀的地位。

后来，有一家小公司，在美图秀秀诞生 9 年之后横空出世，完全不按套路出牌，靠着一个小小的功能，7 天就拿下了 1000 多万新增用户。这个小功能，叫作"全民吐彩虹"，背后的企业是 Faceu 激萌。后来，该企业被今日头条以 19 亿元的高价收购。

"全民吐彩虹"功能非常简单：用户打开 Faceu 的镜头，就可以拍一小段自己口吐彩虹的小动图（gif）。他们完全没有像其他的企业一样在滤镜和修图功能上"死磕"。而是另辟蹊径，从其他的角度进入了用户的心智。

为什么这招灵呢？因为 Faceu 并没有像其他企业一样力争在主流的滤镜和修图功能上"做更好"，而是基于用户的社交诉求"做不同"。当时，美图秀秀在"滤镜"和"美颜修图"上已经牢牢吸引了大量的用户，就算你的功能更好，但用户已经有了牢固的使用习惯，为了多几个滤镜就重新装一个 App，是不现实的。而且，用户也不见得真的能够识别"滤镜"和"更好的滤镜"之间的区别。但"全民吐彩虹"这个搞怪功能就不一样了。当你看到朋友发了一个口吐彩虹的小表情时，也会非常想拥有一个自己的小表情。Faceu 没有贪心地想要抢占美图秀秀的全部市场，而是找了一个非常垂直、非常小的点切入，补充了以美图秀秀为首的修图软件的功能范围。

也就是说，它补缺了头部品牌，并且以一个小功能进入了用户的心智。从品牌定位的角度，这叫作"市场补缺者"定位。

千万不要小看小功能。正是凭借这个小功能，Faceu 撕开了那么多企业努力很久都没有撕开的修图软件市场。

2. 减肥用户最大的障碍是什么

我的朋友，《跑步治愈》《掌控》的作者张展晖老师有一次来找我，苦恼于他的减脂训练营品牌的"定位"问题。

他的减脂训练营是一个基于微信群的线上减脂营，产品成熟、学员满意度高，但是竞争优势很难区隔于其他品牌。

"从数据上看，我们的训练营减脂效果非常好，但是形式跟其他训练营类似，区别是在于一些具体的技术和指导上。但这些专业性高的内容是很难用几句话让新用户明白的。所以对于新用户来说，他们看到我们训练营的介绍时，会觉得跟其他营区别不大。"张老师说。

从学员信息上来看，当时训练营的新学员绝大部分是靠老学员的口碑推荐过来的，而不是通过品牌的营销行为转化的。

一句话总结，就是训练营的定位和其他竞争对手雷同，新用户缺乏强有力的选择推力。

张老师的训练营属于典型的"小而美"类型，规模不大，口碑不错。与减脂领域里的很多大规模的企业相比，竞争力和资源有限，是一个很适合寻找"市场补缺"型定位的机构。

于是我们展开了全方位的行业和竞争分析，又重点做了目标市场的用户调研，最后发现了一个有趣的机会点（见图 2-3）。

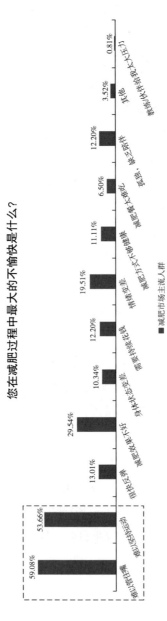

您在减肥过程中最大的不愉快是什么？

图 2 - 3　减肥市场主流人群问卷调研 - 1

在一份大样本的问卷调研中，我们询问当时减脂市场的主流用户群体：

您在减肥过程中最大的不愉快是什么？

如果在书前的你也减过肥，不妨也暂停一下，思考一下这个问题的答案。

排名大比例靠前的两项是"难以管住嘴"和"难以坚持运动"，而其他跟减肥效果相关的"很快反弹""减肥效果不好""身体状况变差"等选项，选择的比例远远低于这两项。

有趣的是，以减肥为目的的减脂产品，用户的"不愉快"却并不在是否顺利完成了目标上。

在定性访谈的时候，我们也得出了同样的结果。主流用户其实有时间去运动，也有钱去健身房、去买相关的设备，甚至很好地掌握了减肥的关键技巧、运动要求、餐食要求，等等。

但为什么最终的减肥效果不好呢？

因为大家没有办法控制自己夜里伸向冰箱和零食盒的手，也无法控制自己的身体离开沙发，站起来去运动。

外在的帮助固然重要，同时，减肥也是一个跟内心搏斗、跟本能搏斗的过程。在这个过程里，他们其实是非常需要专业人士帮助的。在问卷中，我们也看到了同样的结论。

如图 2-4 所示，当问到"您觉得在您的减肥过程中，最需要得到的帮助是什么"，四成左右的用户都有同样的诉求：希望"有人帮助我克服心理上的障碍"。

可是，有哪一个减肥机构可以很好地解决这个问题呢？无论是健身机构、减肥食品生产商、运动装备厂商，还是热量监

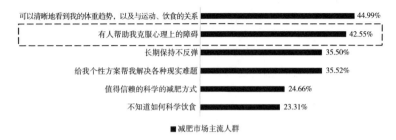

服务诉求：个性化定制、心理支持和稳定的效果

您觉得在您的减肥过程中，最需要得到的帮助是什么？（选择1~3项）

可以清晰地看到我的体重趋势，以及与运动、饮食的关系 ▋44.99%
有人帮助我克服心理上的障碍 ▋42.55%
长期保持不反弹 ▋35.50%
给我个性方案帮我解决各种现实难题 ▋35.52%
值得信赖的科学的减肥方式 ▋24.66%
不知道如何科学饮食 ▋23.31%

■ 减肥市场主流人群

图 2 - 4　减肥市场主流人群问卷调研 - 2

测的产品，都是在行为和结果上进行干预，无法解决用户心态、心理的问题，甚至用户也不认为自身心理的问题可以通过某个服务机构的帮助来解决。

"减肥心理支持"，就是一个差异化的、可以"补缺"减肥市场头部品牌的"专业的小角落"。这个发现不是基于大数据分析得来的，而是源自对用户内心需求的深入挖掘。后来，基于这个方向，我们进一步做了验证和评测，被访用户"欢欣鼓舞"，表示非常需要健身心理专家的帮助，并愿意为此付费。张老师的训练营于是进一步加强了"陪伴""心理支持"的服务内容和方式。无论是训练营的差异化定位，还是学员的使用感受，都有了明显提升。

总结一下，"市场补缺"型的定位非常适合一些自身资源有限的中小企业和初创企业。"市场补缺"型机会点的构成有几个关键因素，分别是：

（1）有足够的市场潜力和购买力。即用户愿意为此付费。

（2）具备利润增长潜力。产品或服务有进一步深化、扩展、延伸的潜力，而不是"一锤子买卖"，买完一次之后用户就再也不需要了。

（3）对主要竞争者当前不具备吸引力。即大品牌目前尚未"看上"这块市场。

（4）企业自身具备其所需的资源、能力和足以对抗竞争者的实力。即企业自身的资源实力是可以在此机会点上进行深耕并且令用户信服的，而同业竞争者目前没有以此为营销重点，或者并没有足够的实力可以提供同等质量或更优质量的产品或服务。

这四个关键因素，就是企业在寻找"补缺"型市场机会点、力争在大环境中找一个小市场做"巨人"的原则。如果你的企业也想寻找一个"补缺"型的市场定位，不妨也按照这个标准试一试。

三、"盲人摸象"最费钱

市场机会点的准确卡位，往大了说，涉及企业的定位策略；往小了说，与产品的营销推广、用户转化息息相关。

前文提到了几个案例，无论是通过大数据分析，还是通过行业趋势研究、用户调研，都涉及海量数据信息的研究与分析。因为寻找市场机会点，需要企业同时具备全局视角和自身视角。

全局视角，是指站在行业发展、技术发展、主流用户需求等的角度上进行观察。自身视角，是指企业从"我有什么""我擅长什么"出发进行自身的审视和梳理。在这两个视角的共同作用下，企业才能找到既可以迎合行业发展和用户需求，又可以体现自身价值和差异化的机会点。

忽略"全局视角"，只站在自己角度思考问题，是很多企业做营销花冤枉钱的源头问题。

有一次，一位学员拖着行李坐高铁，长途跋涉来北京找我做咨询，想要了解"一支厉害的病毒视频怎么做"。

"你为什么想要做病毒视频呢?"我问他。

他说:"因为我们企业营销费用很有限，又是一个新品牌，非常需要快速扩大影响力，想来想去，只能以小博大，做一支厉害的病毒视频了。"

病毒视频是病毒式营销的一种方式，旨在引发用户的参与和转发热情，造成一种像病毒一样以倍增的速度进行扩散并产生群体分享的传播过程。这类内容通常诙谐幽默、创意十足，能够引起广大用户情感上的共鸣。

市场上确实存在通过一支厉害的病毒视频迅速走红的企业，这位学员的诉求似乎也符合逻辑。

"你能跟我说说你的企业和产品吗?你想要通过病毒视频推广的产品是怎样的?"我问他。

他告诉我，他是一家新成立的智能手机品牌，主打的市场是热爱登山、远足的户外人群。这款手机待机时间很长，很坚固，从高处跌落也能安然无恙。当时，样机已经生产出来了，大家都很有信心，打算做国产手机行业的黑马，定了个目标是"打爆华为"。因为营销费用非常有限，没有办法做大规模的广告，所以就想从创意出发，做一个厉害的病毒视频，让用户自己传播。

"为户外用户定制的专业手机，这就是我们的定位。我认为这是一块非常有潜力的市场，因为现在国内的户外用户群体人数非常多。而目前并没有一家手机企业是专为这群人做产品的。"

我沉默了一会，问他："请问你这个待机时间长又坚固的手机，特点和诺基亚手机有什么区别？"（大家都知道，超长的待机时间和坚固的外壳一直是诺基亚手机的特点。）

他说："不一样吧，我们这个是智能手机，大屏幕，外观也很漂亮，符合年轻人的审美。而且现在正在研发手机信号加强这个功能，可以在信号不好的地方也能实现通信。"

我又质疑道："这一点诺基亚手机做不到吗？与你们相比，诺基亚手机无论是从供应商资源、渠道经验还是产品研发水平、资金实力上来说，都远超你们吧。如果这个市场机会非常有潜力，他们为什么不抓住这个机会呢？"

他被我问得有些愤怒："也许是他们看不上这个小市场呢？所以我这不是想要弄个病毒视频赶紧抢占一下市场空位吗！"

我说："你可能高估了病毒视频，也低估了华为。"

如果说"户外用户的专业手机"是这家企业选定的方向，病毒视频只是在往这个方向前进时，路上使用的一个营销手段而已。如果方向有问题，路径是怎样的、路上有多么努力、尝试了多少种方法都与大局无关。

在商业上，不是所有病毒视频都是成功的。当然存在既被广泛传播，又帮助企业产品大卖的情况，这类视频需要同时满足内容创意好和触发用户购买需求两个条件。但也有的视频虽然传播广泛，但在销售转化上并没有很好的表现，"光打雷不下雨"。这类视频只是内容创意好，但是并没有触发用户的购买需求。

前者是创意人员的能力，后者则涉及企业和产品的定位策略，回到这几节一直在谈的问题，也就是说：你想要抓住的这个市场机会点，是不是一个足够有吸引力的真需求？

户外爱好者群体确实人数众多。但这些用户中有多少是喜欢去极端环境下运动的用户呢？有多少人会只因为"待机长""耐摔"就想要买一部新手机呢？而去那些极端环境运动的用户们，他们的手机只是"待机长""耐摔"就够了吗？

"我们还在做信号加强的功能。"他小声地说。

"用户会因为这个功能多买一部手机吗？多大比例的户外用户会愿意？这点你们测了吗？市面上这么多手机厂商，有没有哪家厂商的产品也是长待机、耐摔、信号加强的，你们有没有做过竞品的研究呢？"我问他。

"把行业和竞争分析做一下，然后再审视一下这款产品的定位吧。病毒视频的钱先放一放吧。"我跟他说。

这就是全局视角和自身视角的不同。

站在自身的角度，这家企业在自身所在的小环境下认为这是一个好的机会点，相信一定有人会需要。但是多少用户真的会需要？这个"卖点"的购买推动力大不大？这款手机和其他手机行业的"前辈"相比，竞争力在哪里？这些问题都需要更全面、更多元的信息分析，需要扩大视角来进行思考，否则是盲人摸象、坐井观天。企业找定位的时候如果这样，那真是太费钱了。

四、让二手数据借你一双高瞻远瞩的慧眼

企业自己是做不到全局视角的，需要借助工具，借助其他机构的成果。最快速拥有全局视角的方式就是对二手数据的分析。

二手数据通常由第三方中立公司分析完成，会综合宏观行业发展、政策变化等因素，站在时间趋势、行业趋势、用户趋势、政策环境等很多角度综合分析判断，可以说是非常有"大局观"的数据类型。

下面，我简单谈一下，企业如何根据自身的需要找对报告，如何从自身的需求出发，对海量的趋势数据进行有效的整理和分析。

用什么"关键词"可以快速找到好报告？

网上的各类报告有很多，找到合适你的报告，最关键有两点。一是找报告的渠道，二是在各渠道中搜索报告时的关键词。

在第一章中，我详细列举了寻找二手数据报告的多种渠道方法，这里再谈一下针对关键词的建议。

通常来说，大家的思路会被局限在产品或行业本身。比如你是一家糖果企业，就会下意识搜索"糖果行业报告"。如果搜出来的报告有限或搜不出来报告，可能就会一筹莫展。

以一家糖果企业为例，我总结了几个关键词搜索方向的建议，供你参考。

（1）目标产品。最普通的思路，搜索你希望了解的产品类型，如"糖果报告"。

（2）产品所在品类。搜索产品所在的品类或行业，如"休闲零食行业报告""休闲零食市场调查""零食行业趋势"等。

（3）相关细分垂类。搜索产品相关的细分垂类。如果糖果行业报告比较少，可以在糖果类产品中查看有没有表现得特别好的分类产品，比如巧克力可能就是其中一大类。你就可以搜索"巧克力行业报告""巧克力行业发展趋势"等。

（4）品类中的龙头企业/上市公司。可以看看行业里的龙头企业或上市公司有没有相关的报告。比如在糖果行业里，你可以先找一下行业里上市公司都有哪些，哪几家公司是市场规模比较大的，然后依次搜索这些公司有没有出年度报告。例如，搜索"徐福记报告"就可以搜出结果（见图 2-5）。

图 2-5　头部企业关键词搜索示例

（5）产品相关消费人群。用户研究是二手数据中的一大门类。你可以通过搜索"糖果消费者分析""巧克力用户趋势"等关键词来寻找。

通常来说，以上的关键词角度可以很大程度地帮助你找到好的报告，再配合上多元化的报告渠道来源，恭喜你，你现在已经可以晋升为"找报告小能手"了。

1. 不做在米缸中迷路的"小老鼠"

可以快速找到并拥有很多二手数据报告并不等于拥有全局视角，企业需要基于自身的分析目标，利用这些趋势数据来思考问题。如果目标不明确就开始进行研究，你就会像一只陷入米缸中的"小老鼠"，放眼望去全是有价值的食物，但是肚子只有一点点，于是拖着一个口袋开始猛装。你觉得这页数据有用，那页数据也很棒，干脆统统都保存下来。等到所有报告看完，你会发现时间已经过去了好多天，而手中累积了一份上百页的PPT，里面全是摘抄自各个报告中的数据图表。这时候又犯了愁：每页似乎都有价值，但又都是零散的观点，到底应该怎么处理这份"大文件"呢？

分析二手数据，我的建议是：

（1）立好目标：明确研究目标及重点，一切二手数据的研究都是为了目标服务的。

（2）拆解目标：将研究目标分解为几大细分方向，阅读二手数据报告时，以每个细分方向为主题进行分类采集和引用。先快速掠过在细分方向外的报告内容，发现有价值的信息时，仅做好标注。否则很容易被报告的思路带走，且整体时间不可控。

（3）先分后总：针对每个细分方向进行分析小结，再进行整体趋势性思考和总结。

（4）开拓思路：引用和分析完跟目标相关的二手数据

之后，再回到报告中，对目标外的标注内容进行细致阅读和思考，开拓思路，查漏补缺。

先基于目标带着问题找报告，再探索报告里任务目标外的新视角。这种方法可以帮助我们避免"陷入"海量的报告中，迷失自身方向。

2. 化整为零的建议

举个例子。一家做定制家具的品牌企业，想要提升竞争力。在进行二手数据分析的时候，"提升品牌竞争力"就是其任务目标。但这个目标听起来又大又空，很难作为判断研究方向的准绳。

我们可以通过拆解这一目标为二级目标来"化整为零"（见图2-6）。例如，把该目标拆分为企业、行业、竞争、用户、渠道五个子方向，然后开始进行信息采集。

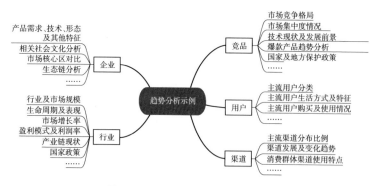

图2-6 趋势分析目标拆解示例

（1）企业：站在企业自身特点和现状的角度，结合行业趋势看区别，判断优劣势。例如，关注二手报告中的以下相关内容。

行业中整体产品的需求、技术、形态及其他特征是怎样的？思考自身产品的独特性如何。

在社会文化上，定制家具是哪种文化的体现，有哪些相关的文化表现？

定制家具这一产品的地域发展特点，思考企业当前主营地区是行业核心区吗？

相关的生态链是什么？企业在生态链中的哪一环，跟链条上其他企业的关系是怎样的？

…………

（2）行业：看行业目前的现状和未来趋势，判断企业当前的位置和发展潜力。例如：

市场的整体体量有多大，定制家具行业在整个家具行业中体量如何？思考企业当前的规模在行业中的水平是怎样的。

行业当前是快速发展期、成熟期，还是衰退期？从行业大势来思考企业的未来。

行业当前的增长情况如何，企业的增长率和行业的增长率相比如何？

行业整体利润高吗，主要盈利模式是什么？思考企业的盈利模式及利润率情况。

产业链发展的现状是怎样的，企业在产业链中的哪一环？思考和上下游的关系，以及自身的优劣势。

基于行业，国家当前的相关政策是什么？思考政策与企业发展的相关性。

…………

（3）竞争：研究竞争格局和竞争态势，思考企业的竞争力和优化方向。例如：

> 市场当前的竞争格局是怎样的？思考企业在其中处于怎样的位置。
>
> 市场是如何被分割的，头部品牌是集中还是分散（主流市场是集中在少数品牌手中还是被很多品牌分割）？思考企业应采取怎样的策略在竞争中胜出。
>
> 行业的技术现状如何？思考企业自身的技术是否能构成竞争壁垒。
>
> 行业是否出现爆款产品？该爆款产品背后能为企业带来怎样的竞争思考？
>
> 国家及地方政府是否有保护政策？思考企业的发展，或在地方上的发展具备怎样的优势。
>
> …………

（4）用户：关注行业用户的特点和趋势，思考企业下一步的用户策略。例如：

> 行业主流用户是怎样的？是否存在不同的细分群体？对比企业的当前用户进行整体思考。
>
> 不同类型主流用户的生活方式及特征是什么？同样对比企业用户进行思考。
>
> 不同类型主流用户的产品购买状况是什么，使用周期如何？对比企业用户的同维度数据进行思考。
>
> …………

（5）渠道：主流购买渠道和传播渠道的特点和趋势，思考企业的相关渠道策略。例如：

不同类型用户的购买渠道是怎样的？

主流渠道有怎样的发展变化？思考企业当前的主流渠道是否需要调整。

在该品类上，用户渠道有什么特点？思考企业应当怎样应对。

…………

经由上述的分类信息整理，你就可以分门别类地把有用的数据信息收集到不同的主题板块。然后依次对每个主题的行业信息进行有逻辑的整理和总结。先化整为零，再集零为整，对整体的趋势进行总结。

为了不影响最关键的任务主线，我建议你在开始的时候，只基于跟目标主题相关的内容进行整理。等上述的步骤完成之后，再回到原始报告文档中，看那些给你留下比较深印象的内容，补充和扩展你的思路，进行"查缺补漏"。

3. 关于引用报告的建议

这里，简单说一下引用二手数据报告时的几个小建议。引用二手报告的内容是为了让企业可以结合现状进行思考和分析，从而输出有效的结论。因此，最关键的引用原则就是严谨和不盲从。

我建议你明确以下几点。

（1）确保发布机构的权威性。大公司、专业公司的数据权威性更高、更可信，请不要引用无报告发布时间、无数据来源、无资质公司的"三无"报告。

（2）报告的发布时间不能太久远。在引用时，尽量使用发布时间在 2 年之内的报告。很多行业发展很快，引用过于久远的报告，数据的价值会受到影响。

（3）明确数据及样本来源。无论引用的是哪家公司的数据，在你的报告中，都需要明确注明每组数据或图表的来源出处和报告时间。这方面是从版权的角度尊重对方的劳动，也是一种"信任背书"。例如，看到数据来源是麦肯锡、罗兰贝格，读者会立刻明白这是一份专业的数据结果。有的时候，读者可能对你引用的内容很感兴趣，想要阅读原文，标明出处也能与人方便。

小结

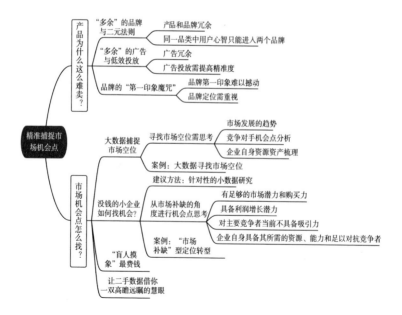

好主意不是好营销 用好数据，卖货给力

以上就是这一章的全部内容。

在很多行业里，寻找新的机会点、寻找适合自身的机会点并不是一件容易的事情。但我们必须去做。因为这是市场发展成熟后给企业的必然挑战。"一个好点子用上三五年"的时代已经一去不复返了。现在的市场，竞争对手多、同质化产品多、价格战激烈。现在的用户，没有耐心、不爱看广告、要求还很高。在用户这里，大部分品牌是多余的，大部分广告是隐形的，品牌想要改变旧形象是非常艰难的。

广告费很容易浪费，因此，在进入市场的时候，企业要先在各类数据的帮助下，做好机会点分析，要同时具备全局视角和自身视角，而不能只站在自己的角度盲人摸象。

篇幅有限，无论是用大数据分析的牙膏品牌的故事，还是主要通过调研来找到"补缺"型定位和市场机会点的减脂机构，它们的故事都只是"别人家"的故事，市场千变万化，分析方法也是量体裁衣的。如果背后的数据工具和分析思路能够对你有所帮助，我就很开心了。

第三章

如何提升市场竞争力

无论身处竞争激烈的红海市场，还是未来可期的蓝海市场，企业都需要思考"如何在当前的竞争态势下高效胜出"这个话题。无论你的定位做得有多精彩，市场机会点找得有多聪明，大家都要面对竞争对手，都需要面对同一群用户争个输赢。

竞品分析（Competitive Analysis）一词最早源于经济学领域。维基百科对于"市场营销和战略管理领域的竞品分析"作出如下解释：对现有或潜在的竞争产品的优势和劣势进行评价，将分析获得的相关竞品特征整合到有效的产品战略制定、实施、监控和调整的框架当中，提供制定产品战略的依据。

这个描述是站在产品角度来看待竞品，如果站在商业视角，则可以演绎成一句更通俗的话：

"分析那些同我争抢用户的产品，以便为商业战略提供依据。"

无论争抢当下的用户，还是争抢未来的用户，其实竞品分析的核心目的，就是找到最"正确"的方法去同最"正确"的竞争对手争抢目标消费人群。

第一节　为什么"做不同"这么难？

一、价格战白热化：无法"出头"怎么"破"？

在很多行业，竞争是非常激烈的。"价格战"这个词你肯定不陌生，之所以企业会陷入价格战，就是因为无法做到差异化，彼此的产品雷同，而且只能满足用户最基础的功能需求，相互之间很容易复制抄袭。市场容量看似很大，同类产品却很多，用户有非常多的选择。因此，眼睁睁看着很多用户都有购买需求，但就是不买自己的产品。

为了收回成本、盘活资金，企业只能不断压低价格。于是陷入了一个"你降价我也降价，你价格低，我比你更低"的死循环。企业苦不堪言，又似乎只能挺着，想着"靠低价把对手熬死我就能出头了"。但哪有这么简单呢？对手也许突然融了一笔钱，一下变得比你还能熬……

就算真的把对手"熬死"了，已经习惯低价的用户，又能接受你的涨价吗？

很难，用户会觉得：你变了！

这就是"可怕"的红海市场。

1. "做不同"，而不是"做更好"

在这样的竞争环境下，摆脱同质化竞争是最关键的。不要在降价这条路上一条道走到黑，而是要站在品牌定位的角度重新思考如何才能被用户记住和选择，"做不同"，而不是"做更好"。

作为功能饮料的头部品牌，红牛成功之后，市面上立刻出现了很多的"追随者"。他们基本复制了红牛的配方、宣传重点甚至是包装。在一开始也收益颇丰。但是很快，用户内心就产生一种"李逵和李鬼"的感觉。就算不断降低价格，这些追随品牌也无法撼动红牛的地位，市场越做越小。

但魔爪能量的入华打破了这个局面。一众红牛的追随品牌力求与红牛相像：相同的口味，相同的红黄包装配色，甚至是相同的包装排版方式。"李鬼"希望以低价来抢夺红牛市场，但这款来自美国加州汉斯公司的功能饮料截然不同，它有非常炫酷的外包装，价格更贵。从功能上，它大幅突出了咖啡因的比例，在定位上则强调：直面每个人原始的冲动，释放野性（见图3-1）。同红牛和红牛的"李鬼"形成了明显的区隔。在营销上，更是精准针对目标人群，持续赞助包括一级方程式、沙漠行车、摩托车竞赛、拉力赛等体育赛事，以及大大小小的音乐节。在年轻人面前持续输出品牌的影响力。

图3-1 魔爪与红牛

事实证明，用户的确不是为了"省钱"而购买功能饮料的。一味地认为用户就是"图便宜"，是低估了用户，也是限制了

好主意不是好营销 用好数据，卖货给力

自己。

如果不做差异化，而是在同样的产品特点上做得更好呢？

这往往是一种投入产出比很不划算的做法。市场的头部品牌由于进入市场早，早早就做好了跑马圈地，在用户的心中，常常能以品牌代表品类。比如提到修图软件，很多用户的第一反应就是美图秀秀。美图秀秀成功后，很多市场的后来者继续在前者的产品卖点上深耕，推出更多的滤镜，更细致的人像修图，也投入了很大的精力做市场推广。

但真正把市场撕开一个口子的，并不是这些追求"做更好"的品牌，而是带着一个奇奇怪怪的"全民吐彩虹生成功能"进入市场的"新兵蛋子"——Faceu激萌。

不要盲目跟风，也不要陷入价格战的泥潭，找到自己差异化的风格，才是竞争胜出的关键。

2. 为什么有的产品贵，用户却趋之若鹜？

价格战源于一种认知：越便宜用户越喜欢。

这是不是事实呢？

2021年，调研公司 Counterpoint 发布报告：2021年第二季度，苹果手机 iPhone 的销量仅占全球智能手机市场的13%，但收入占到了40%，利润更是高达75%。2022年第一季度，苹果手机在高端市场的全球份额达到了62%，是自2017年以来的最高水平。

为什么有的产品明明物美价廉，用户对品牌却并不"忠诚"，有的产品卖得很贵，用户却趋之若鹜呢？就像苹果手机。

这是"品牌"带来的效益。

大家都知道，"品牌"是有溢价能力的。同样配置的电脑，你会更愿意选择 5000 元的某不知名品牌，还是 7000 元的联想电脑？

很多人会选择后者，因为品牌对于他们来说意味着更可靠、更有保障、更专业，也代表着用户内心的"偏爱"。一些用户购买星巴克咖啡，并不是因为他们横向对比了星巴克和其他咖啡品牌的味道和性价比，而是因为"偏爱"前者，哪怕它更贵。众多咖啡品牌在他们眼中是星巴克和"其他品牌"（见图 3－2）。用户会在众多产品中一眼就识别出自己喜爱的品牌，其他品牌对于他们来说可能是面目模糊的。

图 3－2　很多星巴克用户眼中，咖啡品牌分为星巴克和其他品牌

一个优秀的品牌形象对于产品的溢价能力和提高用户黏性意义重大，表现在以下三个层面。

（1）推动购买行为：品牌是信任背书，为用户带来"有保障的、可信赖的、专业的、很多人都在买"等安全感。

（2）建立情感联结：品牌是一个不用说出口的契约、

一种感情联结，它形成了与用户间的纽带，也帮助企业在竞争中建立区隔。

（3）提升价值：品牌可以"折现"，同样功能的产品，用户会愿意为大品牌多花钱，并觉得值。

3. 品牌与用户的关系层级

如何能够成为用户心中"贵的""与众不同的""被偏爱的"品牌？这就要谈到用户和品牌之间的关系类型。

用户和品牌之间的关系层级对应着品牌能提供给用户的三类价值（见图3-3）。

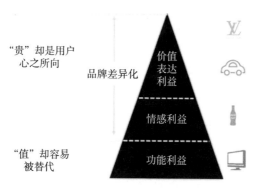

图3-3　品牌形象认知模型

最底层的关系层级，是为用户提供"功能利益"。它是指品牌给用户提供的物质层面的功能性利益或价值。

所有的产品或服务，首先都是为了解决用户的某种功能需求，如空调的制冷功能、饮料的解渴功能等。但是，如果一个企业只能为用户提供功能利益，其与用户之间的关系就只处于很薄弱的初级阶段。但凡有竞品更便宜，或购买更方便，用户立刻就会转身离去。企业也难以提高产品利润，因为用户只是为了某个功能才购买的，不会愿意额外多出钱。

有的企业规模虽然做得很大，但是产品的利润很低，价格一直提不上来。就算推出了新的高价格产品，用户也不愿意埋单。用户还会愤怒，觉得"你变了"，"不是曾经朴实的你了"。这是因为一直以来，这类品牌的产品都是主打功能和物美价廉。就像前文提过的"第一印象魔咒"，用户形成了固定的第一印象，企业要想打破这个印象、打破旧有的模式和关系是非常艰难的。

因此，对于企业来说，最好在产品投入市场之前就把定位做好，不要只跟用户构建停留在"功能"层面的关系。

"功能利益"之上的第二个关系层级，是为用户提供"情感利益"。它是指用户可以在购买和使用某品牌的过程中，除了功能之外，还能获得情感满足。用户与品牌的情感共鸣可以使前者拥有美好的情感体验。但只有部分企业能做到与用户有情感链接。例如，麦当劳的广告词：I'm loving it（我就喜欢）就是为了凸显品牌对年轻用户内心的理解。麦当劳并没有强调"炸鸡汉堡好吃"这种功能利益，而是在强调一种年轻人的个性态度，很容易产生共鸣。

能建立起情感共鸣，企业就真正拥有了用户的忠诚和偏爱，产品的溢价能力也将大幅提升。

第三个层级是最难也最珍贵的一种关系——为用户提供"价值表达利益"。它是指品牌向用户提供自我表现型（社会型）的价值，如财富、审美体验、修养、学识、生活品位与社会地位等。

例如，用户买奔驰汽车，往往买的不是代步功能，而是一种身份认同，"只有成功人士才会开奔驰汽车"这样的一种感觉。这就是奔驰品牌给用户提供的价值表达利益。

再如，瑞士的奢华腕表品牌——"江诗丹顿"，广告词叫：

你可以轻易地拥有时间，但无法轻易地拥有江诗丹顿。

同样是在强调一种稀缺的身份感。

还有奢侈品牌GUCCI的一款名叫Envy也就是嫉妒的香水，广告词是：

若让别人嫉妒，就该拥有"嫉妒"。

豪车、奢侈品之所以是很多用户的心之所向，就是因为这些稀缺的价值认同在用户心中是很昂贵的，大家愿意为这种价值埋单。前面提到的苹果手机就是如此。

所有市场化运营的品牌都能给用户带来某种功能利益，但是只有一部分可以带来情感利益，只有很小的一部分能够带来价值表达利益。如图3-3所示，如果一个产品只能带来功能利益，从性价比来说虽然"值"，但很容易被竞争对手所替代。上面的两个层级则可以为产品带来"溢价"，同时让用户喜爱。

这个模型的名字叫作"品牌形象认知模型"，它虽然简单，但揭示了产品利润的逻辑。

总结一下，除非财力十分雄厚，打算靠规模来压低成本，从而构建竞争优势，否则请不要轻易尝试通过价格战来赢得市场竞争。寻找差异化的机会点，"做不同"才是最关键的。在这个过程中，研究用户，探寻如何与用户构建情感链接和价值链接，是提升产品价值的关键。

二、如何梳理自身优势

最了解你的人，往往不是你自己，而是你的对手。

在商场上也常常如此，因为对手会认认真真分析竞品（也就是你）的优势和劣势，但你不会认真分析自己。

前面谈到了找到自己差异化的路线，提升自身的品牌价值，这些都依托一个基础，那就是你要很了解自身企业的真实情况。

有没有什么好的思路可以快速帮助企业厘清自己呢？我的老东家奥美集团有一个很好用的工具，叫作品牌资产光谱（Brand Positioning Spectrum），这里推荐给你（见图3-4）。

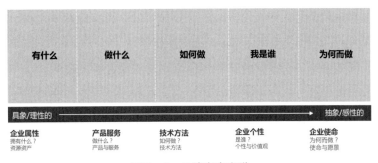

图3-4 品牌资产光谱

为了帮助企业建立一个能长期经营、打动人心的品牌定位和主张，其中重要的一环就是帮助企业明确自身优势。这个优势并不仅仅是企业拥有多少员工、多少款产品、多少名用户等这些显性的数字，而是要系统科学地从梳理非常具体的硬实力逐渐到非常抽象和感性的品牌愿景和信念。

谁说理想不是价值呢？伟大的企业都拥有伟大的愿景，哪怕在它还是一家小企业的时候。

如图 3 - 4 所示，品牌资产光谱从左到右有五个板块，分别是：

有什么：思考企业自身所拥有的一切重要的、独一无二的资源资产。这里不但包括有形资产，而且包括无形资产。

做什么：梳理自己的产品与服务，总结为用户提供了哪些价值，思考这些价值是否稀缺，是否容易被替代。

如何做：列举在产品和服务的提供过程中，有哪些独到的技术方法、管理服务手段等。

我是谁：企业的个性是怎样的，拥有怎样的价值观。

为何而做：企业的使命与愿景是什么，未来发展的目标是什么，希望构建一个怎样的未来。

这五个板块从左到右，就像光谱一样是渐变的，从最理性、具体的资产，逐渐梳理到最感性、抽象的资产。在使用的时候，建议企业的核心骨干成员与外部咨询师一起，针对每个主题进行讨论并将结论结果填入表中。

在这个过程中，你会惊讶地发现，原来公司还有这么多闪光的优点，是自己以前不知道的，哪怕是入职多年的骨干员工。并且，在大家一起集思广益的时候，很多以前模糊的问题也会逐渐清晰，还会推动大家去思考一些重要但并不紧急的关键问题，如"品牌个性""公司愿景"等。

这里，我针对每个板块做一下简单示例，希望可以对你有所启发。

1. 有什么

在梳理资源的时候，要尽量列全企业拥有的所有重要资产，如公司规模、员工人数、年利润、用户数量、产品等。例如，VISA 这个信用卡品牌，它最大的资源和能力是拥有全球最大覆盖面的支付网络，而别人都没有。再如，腾讯，它有着中国最大的高黏性互联网用户群。

要注意的是，有形的资产是很容易想到的，但很多时候，公司重要的资产不是有形的。例如，浪潮集团，固然规模庞大、产品众多，但它还有一个关键的资产——他们一直辅助政府进行大数据分析和处理工作，后者的信任和长久合作的联系，虽然是无形资产，但很重要。再如，苹果公司，这家公司有一个稀缺的资源，是乔布斯本人。类似的情况也有很多，像小米集团的雷军、格力集团的董明珠，以及历经了多个企业的罗永浩，都是公司重要的无形资产。

2. 做什么 + 如何做

做什么是指企业主攻的产品和服务。例如，福耀集团的答案是：生产汽车玻璃、原料玻璃，以及玻璃配件产品；星巴克的答案是：优质的手工咖啡；宜家家居的答案是：家具。

这部分是产品和服务的客观陈列。

如何做则是指企业用什么技术与方法来做，尤其是运用了哪些独到的技术方法、管理服务手段等。

像福耀集团是如何生产汽车玻璃的呢？他们的做法是，跨行业整合资源、提供高附加值的定制化研发，以及通过大规模和持续的产能，来持续保障提供物美价廉的优质产品。

至于星巴克的"如何做"，在很多书籍文章里都有展示，就是他们虽然是卖咖啡的，做法却是：给用户建立一个家和公司之外的第三去处——"社区"。他们选择让用户横着排队而不是竖着排队，就是为了增加社交属性。横向排队消费者可以很清楚地看到菜单，也可以顺便欣赏展示柜里的产品或者是咖啡师的操作，很大程度上降低了排队的焦虑，让大家有一个轻松的感受。而且横向排队可以促进顾客间的交流，沟通起来更加方便。

而宜家家居的"如何做"，是将高质量与时尚，带入低价位市场的产品设计。这个思路和方法反映在宜家家居的方方面面，比如，他们会吸引很多小众又有才华的设计师加盟，他们有强大的全球供应链体系，使用可循环和可再生的原材料，提供更低廉更自助的产品和服务等。

3. 我是谁

这里需要列举品牌的个性和价值观。

个性很好理解，就如同人的个性，有的是勇于担当的领导者型，有的是打破规则的叛逆者型，有的是擅长创新的创造者型，有的是寻找爱并爱人的情感型等。这点可以通过讨论企业的风格和领袖风格来给出答案。

价值观的分析虽说要难一些，但它很是重要，是帮助企业在选择的关键节点作出取舍的。因为价值观的含义是：对于企业来说更重要的事。

很多东西都很重要，但在这些里，什么是更重要的呢？

因此，当你了解自己企业的价值观，就很容易在重大的分岔路口做出选择。比如，当你的价值观里有创新，那么在遇到创新性投入和短期利润相冲突的时候，就更容易快速地做出取舍。

是挣钱更重要，还是改善用户体验更重要？是影响力更重要还是追求专业性更重要？这些问题的答案都写在企业的价值观里。另外，价值观还会体现在公司管理和业务发展的方方面面。

以奥美集团为例，奥美集团的基本信念是：尊重个人、尊重知识和尊重创意。你可能会发现一种奇怪的现象，就是那些在奥美集团工作了比较长时间的人，哪怕是已经离职很久了，但身上都像是有一种烙印，让人很容易看出来，有一种"奥美范儿"，这种范儿，其实就是品牌文化在人身上的一种反映。这种文化价值观，让企业知道如何选拔人和培养人。

另外，公司装修得很漂亮，有咖啡厅，有图书馆，有小画廊，大家在这样的环境下工作首先会很开心。而且，对于优秀的员工来说，想要内部转换方向，调到一个新的部门试试看，公司也都非常支持。那么这些背后，其实都是源自尊重个人的价值观。再如，公司会很频繁地给大家邀请各种行业内外的人来做培训和分享，也会定期地给大家分享来自集团内部的新知识，之所以愿意在这些方面投入时间精力和金钱，也都是因为尊重知识这样的价值观。

再举一个例子，迪士尼的价值观一直以来也非常清晰：创新、高品质、分享、故事、乐观和尊重。就以创新为例，通观公司历史，你会发现他们的很多成功背后都有创新的身影。在大家都在做无声动画片的时候，他们开创性地在《蒸汽船威力号》里面加入了声音；在大家都坚守做黑白动画片的时候，他们又将彩色影片应用到了动画片中，还制作出了公司第一部奥斯卡金像奖电影《花儿与树》；在大家都认为动画片不能过长，否则观众会失去兴致，所以一直在做 10 分钟以内短片的时候，他们又做出了一部 80 分钟的巨作，而这部片子，就是著名的

《白雪公主与七个小矮人》。

4. 为何而做

"为何而做"，也就是企业的使命和愿景。

各类选秀节目中主持人都有一个爱问选手的句子——你的梦想是什么？

梦想就是企业的使命和愿景，也就是企业为什么而奋斗的答案。这个答案可以很具体，也可以听起来很务虚。

举个例子，奥美集团的使命与理想是：奥美致力于建设优势品牌，并使之传承百世。奥美集团的理想在于成为最本土化的跨国公司的同时，也成为最国际化的本土公司。这可以说是非常具体。

再如可口可乐公司，他们的使命与理想听起来就不是很具体，答案是：为人们的生活制造快乐。

你看，虽然是一家卖糖水的品牌，但他们的目标很远大。正是这个看起来"务虚"的理想，带着这家企业成就了今天的规模。根据 Interbrand 公司 2022 年的品牌资产排名，可口可乐以 575.35 亿美金的品牌价值位列全球品牌第 7。

使命愿景会带领企业做超出产品范畴的、"更大"的事。

对于可口可乐公司来说，无论是他们的产品设计、广告片，还是各种线上线下的主题活动，以及参与的众多公益项目，都在反复地告诉大家，这是一个希望给世界带来积极影响的品牌。

以他们的"昵称瓶""歌词瓶"活动为例，他们通过在瓶身上面推出年轻人很有共鸣、充满了正能量的"昵称"及"歌词"的方式，让大家在喝饮料的同时，同周围的人分享内心的感受，最重要的，是分享快乐（见图 3-5）。

图 3 – 5　可口可乐活动海报

如果可口可乐只是在一直告诉你，他们的饮料有多么的美味，口感有多么的丰富，它的品牌在你心中，就只是一个简单卖糖水的企业。"为人们的生活制造快乐"，却让品牌的形象更加立体、亲切，能承载的东西也更多了。

企业的使命与理想，是企业奋斗的长期目标，可以带领你成为一个"更大的你"。如果你现在还没有想清楚也没关系，企业可以边运行边思考。但一定要清楚，这是企业"做不同"及"做自己"最核心的要素。

以上就是梳理自身资源资产的全部方法了。这个方法不但适用于企业，也适用于个人。

在希腊的德尔斐神庙里，刻着三条箴言，其中最有名的一句来自伟大的哲学家苏格拉底——认识你自己。

希望这个方法可以帮助企业和每个看到这本书的你认识自己。

第二节　竞争对手怎么"破"

一、谁才是真正的对手？

红海市场的竞争很残酷，而看起来没有竞争的蓝海市场，也并不简单，因为会面临另一个难关，那就是用户教育。

特斯拉刚进入市场的时候，电动汽车领域的确是蓝海，看起来没有竞争对手。但是，要如何让用户理解电动汽车的优势，又如何让他们掏出这么多钱来购买特斯拉？教育用户了解并认可自己的产品常常更难。

而且，特斯拉真的没有竞争对手吗？

从电动汽车的角度看，当时的特斯拉的确没有竞争对手。但是如果从用户的角度看这个问题，答案就完全不同了。很多想要买车的用户其实是在"奔驰、宝马，还是特斯拉？"这样的思考中做选择的。从归类看，电动汽车和燃油汽车不在一个分类，在用户眼中，它们都"只是车"而已。

谁又能说奔驰不是特斯拉的竞争对手呢？

有时，企业负责人会过于乐观地看待自身的产品，同时又低估了用户的选择。他们会认为，自己的产品太优秀了，进入市场就会一马平川，没人可以与之竞争。

千万不要这么乐观。

我曾服务一家空气净化器企业，他们有一款专业除甲醛的净化器，谈到竞品的话题时，对方很有信心地认为，目前市面上不存在他们的直接竞争对手，理由如下。

目前市面上的净化器主要是除霾，专业除甲醛的很少；该产品的技术比市面上的其他除甲醛净化器相对领先。

这是一个很容易产生的误区：看到市面上的同类产品和自己相比没有竞争力，就乐观地认为没有竞品。

但关键是：用户是怎么除甲醛的呢？

很多用户在买新车或刚装修完房子后，确实有除甲醛的需求，但大家采用的方式往往不是净化器，而是绿萝、吊兰、活性炭包、茶叶梗、咖啡渣、菠萝……

也就是说，虽然在售卖该净化器时，企业可能并不需要说服消费者"不要用某某其他牌了的产品，来用我们的产品"，而是得这么说："放下手中的绿萝、吊兰、活性炭包、茶叶梗、咖啡渣、菠萝等，使用我们的空气净化器吧。"

放弃价格低廉的绿萝，而花费几千元购买空气净化器，这个用户教育成本，可以想象有多高。也就是说，对于这个品牌来说，同行并不是这一阶段的竞争对手，来自民间的众多"土方法"才是。

强调一下，竞品的含义并非"竞争同行的产品"，而是"那些同我争抢用户的产品"，有的时候，甚至不是产品，而是物品。像茶叶梗、咖啡渣除甲醛这些土方法，就根本不是商品。

在思考如何打败竞争对手之前，认清真正的对手，不要盲目乐观是很重要的。

二、厉害的对手往往"从天而降"

如果问可口可乐公司在国内最大的竞争对手是谁，你一定能很快地说出百事可乐这个名字。但如果问，你知道康师傅方便面最大的竞争对手是谁，你会怎么答呢？

你可能会说：是统一老坛酸菜面吧？是今麦郎吧？

其实都不是，是外卖行业。

1. 方便面的销量为什么越来越差

从图3-6可以发现，无论对于哪个年龄层的用户来说，方便面这个品类整体都是很明显的负增长。

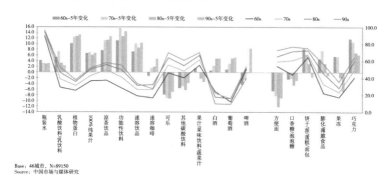

Base：46城市，N=89150
Source：中国市场与媒体研究

图3-6　不同年龄层用户的品类购买趋势

方便面这个行业发生了什么事？是因为康师傅不够努力吗？是因为统一老坛酸菜面不好好做，使全行业都没有竞争向上的意识，大家一起退步了吗？

都不是，对于方便面品牌来说，他们面对的竞争对手，是来自跨行业的打击——整个外卖行业的雄起。

由于外卖的性价比高、速度快，用户有了更多、更好的选择，自然就不会想要吃方便面了。

所以，品牌想要在市场中更好地存活，想要看清自己的竞争局面，一定不能只观察竞品同行。在这个案例里，康师傅的竞品就根本不是同行，而是来自跨行业的冲击。

这个思路也可以用来帮助企业在逆境中寻找"生机"。

极米投影仪在家用投影仪市场一直表现出色，但咨询时，他们也有自己的苦恼，那就是整个行业头部品牌过于集中，而且产品之间的差异化很弱，因此很容易陷入价格战。

当时，极米已经在投影仪市场上占据第一名的领先位置，但是第一名的市场份额只有13.2%，同第二名的差距只有0.8%（见图3-7）。这个市场，和前面说过的修图软件市场完全不一样。同样是第一名，美图秀秀多年来稳坐交椅，市场份额一直在80%上下浮动。而极米呢？可能睡一觉起来，市场就变天了……

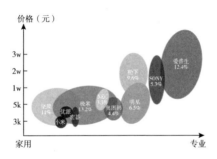

图3-7　投影仪行业市场份额历史数据

他们很头疼地表示，投影仪市场竞争太激烈了，大家的产品功能都差不多，尤其是家用投影仪，价格还越来越低。从数据上看，2021年的投影仪市场总量只有337亿元，又有这么多同质化竞争激烈的对手，怎么看都觉得前路艰难。

站在投影仪行业来看，这个说法是没问题的。

但如果提高一个维度看呢？

比如，站在观影的电视行业看，站在拥有全息影像技术的光影行业看呢？这两类产品为用户提供的服务，难道投影行业不能分一杯羹吗？

当然可以。

尤其是电视行业，2021年的市场总量是1290亿元，远高于投影行业（见图3-8）。但是从功能层面，二者都是为了满足用户观看视频内容的诉求。为什么不去思考，如何去说服那些想要换电视的用户：选择极米投影仪而不是其他电视品牌呢？

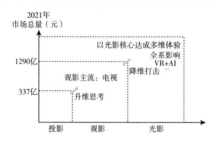

图3-8 站在用户角度跨行业思考投影仪市场

无论是从技术的先进性，还是从价格的亲民性来说，与传统的电视相比，投影仪产品的竞争优势是很容易被用户感知到的。

说服一个电视用户换极米投影仪难，还是说服一个想要购买小米投影仪的用户选择极米投影仪难？

这很容易得出答案。

除电视行业外，从技术层面，另一个维度的全息影像市场潜力更大，而提供的产品服务内容也是有很大的相关性，可以做同样类型的竞争思考。

这就是跨维度思考问题，有时，厉害的对手不是同行，而是"从天而降"的跨界企业。

跨维度思考的逻辑很简单，不要被行业束缚住，单纯从用户群体的使用需求和行为反推：谁正在和你争抢用户，谁就是你最大的竞争对手。

在用户吃饭的时候，和康师傅争抢机会的是外卖行业，外卖行业就是康师傅的核心竞争对手。在用户观看内容节目的时候，除使用不同品牌的投影仪产品外，还有很多人使用电视机，电视机品牌就是极米投影仪的竞争对手。

三、用数据快速锁定竞品

如何在竞争分析时做好数据分析。

从企业自身的业务发展及数据的角度出发，如何快速圈定竞争对手呢？

建议你可以从三个层面进行系统的分类（见图3-9）：

企业层面：品牌战略层；

产品层面：产品的外形、功能、盈利方式等角度；

用户层面：用户关注内容、谈论话题、购买行为等。

企业层面	产品层面	用户层面
战略方向相同的企业，如只售卖空气净化器的品牌	技术功能类似的产品	解决用户需求的主流产品（不一定是同行）
盈利模式类似的企业	外形类似的产品	用户搜索行为高关联度产品
……	售价相似的产品	用户社交平台谈论声量相似的产品
	成交量相似的产品	品牌社交平台影响力相似的产品
	电商平台搜索量相似的产品	用户流失数据
	收藏量相似的产品	……
	……	

图3-9 竞品分析角度示例

针对这三个层面，你可以分门别类地做好包括但不限于以下方向的竞争品牌研究。

1. 企业层面

站在企业发展的角度，竞品的圈定往往不是一件绝对客观的事，也会由主观因素决定。

比如一家专业做净化器的小品牌，其理想是只做净化器，且在净化器市场做到全球领先。可能目前这个品牌从知名度到销量仅在非常初级的阶段，但是从战略方向来看，同样"只生产净化器"并且"已经做到领先"的布鲁雅尔（Blueair）也应当作为竞品进行监测和分析。因为二者有着同样的品牌理想，后者的很多营销行为和市场行为，对于前者来说很有价值。

而除了企业的战略层面，其余的产品层面和用户层面，都可以通过数据来帮助营销人客观地找到竞品。

2. 产品层面

以某净化器品牌 A 主推的产品 B 为例。统计分析其所处电商平台的月度行业数据，查找同产品 B 在产品单价、技术功能、月成交量等维度在同一个数据区间的品牌产品，就可以做出一目了然的图表（见图 3 – 10）。

序号	品牌/产品	产品价	品牌战略：专注空气净化器	技术（除有害气体）			技术-HEPA滤网（除霾）	月成交量	产品价格处在1580-2780
				活性炭	光触媒	负离子			
1	品牌A某产品B	2680	✔				✔	105	✔
2	夏普某产品	2413					✔	153	✔
3	飞利浦某产品	2764		✔			✔	807	✔
4	美的某产品	647		✔		✔	✔	118	
5	大金某产品	3151		✔	✔		✔	426	
6	Mfresh某产品	1090		✔	✔		✔	1355	
7	布鲁雅尔某产品	3824	✔				✔	635	
8	小米某产品	899					✔	3769	
9	松下某产品	2203		✔		✔	✔	222	✔
10	IQAir某产品	15202	✔				✔	9	
11	纽贝尔某产品	1599	✔	✔	✔	✔	✔	1	✔
12	coway某产品	1703	✔	✔			✔	1081	✔
13	SKG某产品	980		✔			✔	31	
14	海尔某产品	2665		✔			✔	3	✔
15	三菱某产品	1180		✔			✔	2	
16	亚都某产品	2200		✔			✔	490	✔
17	远大某产品	6268	✔				✔	32	
18	贝昂某产品	3342	✔			✔		376	
19	富士通某产品	5800	✔				✔	25	
20	莱特艾尔某产品	130	✔			✔		172	
21	汉生某产品	608		✔		✔	✔	22	

图 3 – 10　品牌 A 的产品层面竞品数据示例

一经这样处理后，竞品的范围一下就被缩小了很多。然后，我们可以在这个列表的基础上，进一步分析电商平台搜索引擎关键词的搜索指数、点击指数、成交指数①等数据，进一步缩小竞品范围（见图 3 – 11）。

序号	热门关键词	搜索指数	点击指数	成交指数
1	布鲁雅尔某产品	2061	1874	26
2	亚都某产品	1966	1386	73
3	coway某产品	348	254	12
4	美的某产品	331	226	14
5	飞利浦某产品	201	215	6
6	大金某产品	152	114	5
7	海尔某产品	125	82	3

图 3 – 11　某电商平台的热门关键词搜索数据的示例

3. 用户层面

用户层面可以从解决用户需求的主流产品、用户搜索行为高关联度产品、用户谈论声量相似的产品、用户购买主要的比价产品等层面进行数据的整理和分析。

"解决用户需求的主流产品"在本节一开始已经谈道：对于除甲醛净化器来说，目前的主要竞品并非同行，而是绿萝、菠萝等产品，因为这才是用户目前主要用来除甲醛的方法。

这个结论的获得并不能通过分析电商数据得到，因为电商数据的基础分类是按行业品类划分，而非按用户需求划分。这种调研需要通过传统的问卷法，以大样本随机抽样调研的方法，还原消费人群的现有行为和态度，从而收集相关数据。

---

① 搜索指数、点击指数、成交指数：分别指关键词的搜索量、点击量及由搜索带来的成交量，并分别进行指数化处理后的结果。

"用户搜索行为高关联度产品""用户谈论声量相似的产品""品牌社交平台影响力相似的产品""用户流失数据"等则可以通过搜索数据、社交平台数据和电商数据来得到。

（1）搜索数据

利用搜索数据，我们可以看到目标品牌/产品的高关联度词汇，还能够看到搜索不同词汇背后的人群基础属性。

"用户搜索行为高关联度产品"可以帮助企业找到竞品，其含义是指用户在搜索某一个产品时，与其关联度最高的产品。"高关联度"是指用户在搜索该词前后的搜索行为变化中表现出来的相关度高。

举一个例子，如果你使用百度指数来搜索关键词"高露洁"，会发现其需求图谱如图 3 - 12 所示。

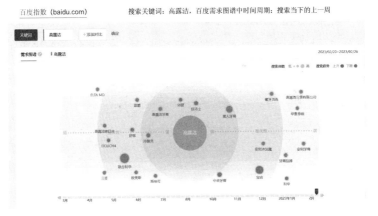

图 3 - 12　关键词高露洁的需求图谱

数据来源：百度指数。

从图 3 - 12 中可以看到，同"高露洁"相关度比较高，也就是距离比较近的词里，有竞品"佳洁士"。

所谓的竞品，从用户的角度讲，是指心中难以取舍的多个品牌/产品。因此大家往往在搜索时，会依次搜索这些产品信息，从而进行比对。当搜索量足够大，在需求图谱中，围绕着目标品牌/产品出现的词汇中，就常会出现竞品的名称。

（2）社交平台数据

利用社交平台的数据，我们可以看到目标品牌/产品的声量趋势、消费人群的关注热点、影响力的分布、人群的基础特征等众多重要的信息。其中，利用数据找到"用户谈论声量相似的产品"和"品牌社交平台影响力相似的产品"是帮助企业寻找竞品的重要维度。

"用户谈论声量相似的产品"是指用户在社交网络上面谈论或讨论时，在某一个时间区间内，总体声量在同一个数量区间或梯队的产品。以手机行业为例，从图 3 - 13 可以看到，在 2022 年 11 月，关键词华为和苹果手机的全网声量保持着类似的趋势，也都在行业的第一梯队。

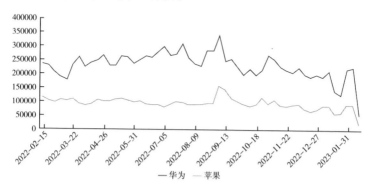

图 3 - 13　华为 - 苹果舆情声量对比

数据来源：知微全网声量分析。

"品牌社交平台影响力相似的产品"则是指在某社交平台上，影响力相似的产品。

如果不是分析全网声量，而是针对某一特定平台进行分析，就需要额外注意。首先，不同的社交平台特点不同，影响力的表现形式也不同，因此评估标准需要量体裁衣。例如，微博平台的平台特点是在线人数多、信息量大、信息更新快，对其账号影响力的评估就需要更偏重账号的整体声量、粉丝规模、互动质量、活跃度、活跃粉丝率等。豆瓣平台的平台特点是内容品质高，评估起来就需要更偏重内容的质量、深度，以及目标用户的匹配度等。

（3）电商数据

利用电商平台的数据，我们可以看到很多跟产品相关的重要数据，这一点在前文已经讨论过，不再赘述。

除那些跟产品售卖相关的数据外，从用户层面，我们还能看到"用户的评论数据""产品的评分数据"和"用户流失数据"。

"用户的评论数据""产品的评分数据"可以帮助我们理解用户对产品的使用感受及不满的原因。从对大量评论及评分数据的分析中可以找到自身产品的补偿性竞争对手：用户对自身产品最不满的地方，哪些产品在这方面正好做得十分突出。

"用户流失数据"则是另一个找寻竞品的有效渠道。

以淘宝数据为例，企业可以看到其店铺流失用户之后购买的商品。当数据量足够大时，用户流失的方向就是由消费者自然产生的"竞品"。

图 3 - 14 所示为某净化器品牌的电商用户流失数据的竞品

词云。这个词云反映的是，当月浏览过该品牌店铺产品页面的用户，最终购买的其他品牌产品，以及所购产品的价位，字体越大表示越高频。

图 3-14　某净化器品牌的电商用户流失数据的竞品词云

图 3-14 的数据显示，该净化器品牌的流失客户主要选购的产品是价值 899 元的长虹净化器及价值 1399 元的夏普净化器。通过对现有电商目标用户的类似行为分析，能够帮助品牌发现一些"计划外"的竞品品牌。

综上所述，对于企业来说，圈定竞品是一个复杂的系统工程。不同的竞品对企业的营销发展有着不同的意义和价值。而营销人需要综合对企业层面、产品层面和用户层面分析出的竞品列表进行整合挑选和监测，才能让竞品的分析更有实际意义。

小结

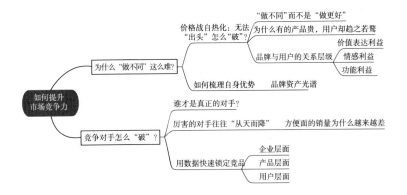

以上就是这一章的全部内容。

在充分竞争的红海市场里，存在着大量的同质化产品，打价格战的情况也极其普遍。想要跳出价格战的恶性循环，不跟风是很重要的。不去选择"挑战"竞争对手的强大优势，不把主要精力和资源花费在他人的优势上"做更好"，而是选择根据自身的特质和擅长之处走一条属于自己的差异化道路，才更容易被用户记住。

除了差异化发展，做好自己的品牌也是提升竞争力的一个关键因素。好的品牌是用户信任的背书，可以与用户建立情感链接，快速推动购买行为，并提升产品的价格。

为什么有的产品卖得贵，用户却争相购买呢？因为品牌和用户的关系有三个层级，只有可以给用户提供情感利益和价值表达利益的品牌，用户才愿意"多花钱"；只能提供产品功能利益的品牌，是很容易被竞品取代的。

在思考竞争策略的时候，客观正确地找到对手是一件容易被忽略的重要工作。在对手看似不多的蓝海市场，有的时候企业不是在跟同行竞争，而是在跟跨行业的产品或物品竞争。谁正在跟你争抢用户，谁才应该是真正的竞争对手。有的时候，面对白热化的竞争，破局也可以此为思路，站在用户的角度思考，除了竞争同行，是否还可以去别的行业或领域杀出一条血路？

最后，数据分析可以很好地帮助你补充视角、寻找对手，不过也需要掌握一定的规则和规律。希望本章的内容可以对你有所帮助。

第四章

"搞定"用户的关键

所有商业问题，最终都是人的问题。

商业起源于物物交换。最初，物物交换只是为了生存和简单的生活。伴随着人类的进化和生产的发展，需求和欲望也越来越多样化，这是一切商业活动的基石。商业的本质就是人性的本质。

企业的各种策略，无论是市场定位、竞争策略，还是产品设计、渠道策略，归根结底都是为了更好地满足用户需求。即使是商业模式创新，也绕不开用户需求。电商平台的崛起，提升了用户购物便利性。例如，外卖行业让用户节省了时间，提供了更丰富的餐饮选择；共享单车解决了用户"最后一公里"的出行问题。

做好用户研究，是所有企业都需要面对的重要课题，也是避免战略失误和营销浪费的关键。

第一节　为什么"好产品"用户不喜欢？

如果你提供的产品很好，但用户不愿购买，这是令一些企业非常苦恼的事。那么，为什么会出现这样的情况，是因为用户"不识货"吗？

往往，这种局面源自企业的视角偏差。

一、视角偏差带来的"真心错付"

企业觉得好的产品，就是用户需要的吗？

有的时候，企业对用户的热情，就像"妈妈认为你该穿秋裤了"，企业觉得他们的产品对用户有好处，但用户觉得自己不需要。

我的第一本书《不做无效的营销》的英文书名叫"*No Self - high Marketing*"，这是个我自创的 Chinglish，想表达的意思是，常常无效或低效的营销，是源自企业的"自嗨"，这是很多广告投放浪费的根本原因。

这里没有讽刺企业的意思，每个人都最擅长站在自己的角度看待问题。但如果想让用户为你的产品掏钱，就不能只站在自己的角度看，也要去用户的视角那里仔细看一看。

有一次，一家国产空气净化器品牌找到我们，想做营销规划。这是一家聚焦在空气净化器赛道的国内企业，技术强，并且其净化技术是专门针对国内的空气环境，比起外国品牌，更适合国人。他们并不是一家新公司，只不过之前一直致力于城市空气的净化，只服务于政府机构，在民用市场的品牌知名度为零。现在，他们打算进军民用市场，计划在电商平台开展业务。目前，他们准备了一笔上千万元的营销费用，希望通过科学的推广来让更多用户喜爱并购买他们的产品。

在谈到营销方向时，负责人很有自信地说，产品的一个卖点——外观设计美观，是当时市面上唯一在设计上得了国际大奖"红点奖"的产品。

"要突出我们的产品外观，广告内容上也强调一下获奖的事。"负责人嘱咐道。

但最终，在给出营销计划时，我们并没有"听话"，而是换了一个宣传方向。对方一开始略有不满，但当我拿出一张数据图表（见图4-1），他的想法就转变了。

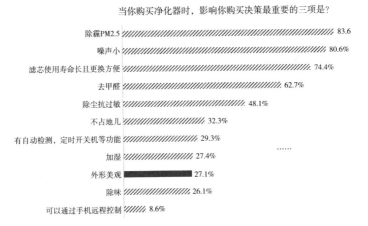

当你购买净化器时，影响你购买决策最重要的三项是？

除霾PM2.5 83.6
噪声小 80.6%
滤芯使用寿命长且更换方便 74.4%
去甲醛 62.7%
除尘抗过敏 48.1%
不占地儿 32.3%
有自动检测，定时开关机等功能 29.3%
加湿 27.4%
外形美观 27.1%
除味 26.1%
可以通过手机远程控制 8.6%

图4-1　用户调研的局部结果（数据经脱敏处理）

当你购买净化器时，影响你购买决策最重要的三项与"外形美观"没有关系：

好的商业顾问并不是要做一个乖巧的执行者，而是肩负着帮助企业厘清问题的职责。收到客户的需求后，我们并没有立刻着手开始想创意，而是先做了一次大样本的问卷调研，旨在了解那些"在一个月内刚刚买过净化器或即将购买净化器"的一二线城市居民对购买净化器这件事的行为和态度。

并且我们在调研中规范用户的购买时间，以确保填写问卷的人认真考虑过问卷中的问题，让结果更准确。

问卷中，有一道选择题是：

"当你购买净化器时，影响你购买决策最重要的三项是？"

这是一道很重要的态度题，反映了用户在购买时的决策重点。调研结果表明，只有不到30%的用户选择了"产品设计出色"这个选项，重要性排名倒数第三。设计出色，并不是推动用户产生购买动力的最关键因素。

企业看到这张数据图，仔细询问后立刻改变了主意，开始认真思考并通过了我们提出的"新方向"。

如果当时在制定策略时，我们没有做用户调研，而是听话地遵从了客户的建议，那么这上千万元的广告费在实际投放时，必然会效果不佳。

这个问题的症结就在于"视角偏差"。不是因为企业不努力，也不是因为企业不真诚，而是企业认为的"好"，可能在用户那里并不重要。

疫情之前，我曾服务一家北京有名的川菜连锁品牌，叫眉州东坡。

他们当时很苦恼。一直以来，这家企业都非常良心，致力于给用户提供口味好、品质好，价格也亲民的菜品，并且坚持了十年都没有涨价。坚持不涨价这件事让企业承受了很多，因为原材料、人工、房租等成本是在持续上升的。

但结果是什么呢？

企业虽然"我本将心照明月"，年轻人却不太买账，他们用户的老龄化越来越严重了。

创始人觉得百思不得其解，我的菜品品质很高啊，而且已经以最低的价格提供给用户了，为什么生意没有越来越好呢？年轻人刚进入社会不是更缺钱吗？他们为什么不来呢？

在行业分析和用户调研的过程中，我们发现用户和企业想的根本不是一回事。

对于企业来说，物美价廉是自认为最突出，也最应该被认可的产品特性。但是，对于现在的用户来说，尤其是年轻人，他们对于客单价到底是 80 元、100 元还是 150 元的堂食，敏感度没有那么高，但是对于环境和氛围要求很高。

"去餐厅吃饭常常是跟朋友一起。现在大家工作都忙，难得聚一次，除了菜品好，当然也希望有好的环境氛围。不然大家点外卖不就行了？"访谈的时候，一位用户反馈说。

这就进入了一个死循环，企业利润有限，就没有余钱去升级餐厅环境氛围，于是注重就餐整体体验的主流消费者不爱来，收益无法提升，更没有办法去进行升级。

因此，打破生意症结的关键，其实并非菜品和口味。后来，眉州东坡重新升级了餐厅整体环境和一系列的设计之后，就像蒙尘珍珠被擦亮，整个营业额有了明显增长，用户的构成也发生了变化。

有的时候，企业和他们的营销公司都在很努力地工作，但产品卖得并不好。在问责的时候，双方也都只能看到自己的委屈：

痛心疾首的客户："我的产品多好，就是因为你们的营销做得不好，才会没人买！"

堪比窦娥的营销人："明明是你们产品不够硬。而且这么一点点营销费用，就想做爆品，简直如同在大海里撒胡椒面！"

还有更典型的：

痛心疾首的客户："营销效果怎么这么差？"
堪比窦娥的营销人："我明明是按照你的要求做的！"

其实不是因为谁在偷懒，而是视角偏差带来的效率问题。

图4-2所示为心理学中一组著名的图片，名为《一只青蛙和一匹马》。图片到底画了什么？简单把图翻转90度，大家眼中的答案就会立刻不同了。

图4-2 一只青蛙和一匹马

同样的一幅画，站在企业的角度看到的那只"青蛙"，如果让用户看，也许根本不是青蛙，而是"马"。

因此，为什么很多企业觉得"完美"的推广计划，用户却根本不买账，这就很好理解了。后者其实看不到企业想表达的内容，只能站在自己的角度理解，而理解的结果往往是——并不觉得你的产品有吸引力。

如图4-3所示，如果左边的A圈是企业想要表达的内容，右边的B圈是用户想要的内容，正确营销视角应该从两个圈的交集，也就是从 C 的部分出发进行思考。这才是唯一双赢的选择。

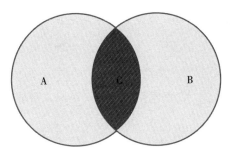

图 4-3　用户思维下的营销视角

二、目标用户错位：对牛弹琴

《蜡笔小新》里有一集，讲小新"调戏"卖鱼老板的故事，很是有趣。大意是这样，小新到鱼铺里买东西：

小新：有酱油卖吗？

鱼铺老板：没有。

小新：有芥末卖吗？

鱼铺老板：没有。

小新：什么都没有还敢开店。

鱼铺老板：……

很好笑，但其实并不罕见。

如果将买卖双方的身份对调一下，你会发现这很像是部分企业的情况：费了半天劲兜售产品，却是对牛弹琴。这是因为"目标用户错位"。

比如，销售人员对着一群刚毕业的年轻人兜售楼盘。任销售人员再夸得天花乱坠，问题是这群年轻人刚毕业，不但人生尚早，未到考虑买房的阶段，囊中也十分羞涩，哪里能负担得起几百万元的房价。

除了推广的"人群"不对，还有一种情况：人是对的，但是产品不对，用户也不买账。

有一次，一家车企前来咨询的时候说，对他们之前的销售情况很不满。

"很奇怪，我们的目标用户群体是一二线城市的中产精英，但是从当前的销售情况来看，主流用户是三四线城市的家庭主妇，而且卖得也不好。做了用户调研，发现她们常常把这辆车当买菜车使用。"

我打开电脑，输入这款车的名字，看了一下网络上的主流声量。发现有很多抱怨：噪声大、有异响等。我把电脑屏幕转到客户面前，问："用户的这些反馈你们有深入去了解和改善吗？"

对方愣了一下，有点支吾，表示售后涉及另一个部门的事情，他们部门的职责是做营销。

我摇摇头："别说一二线城市的用户了，就算三四线城市，现在有几个用户在买车这种大件产品之前不上网查查口碑和评测的？用户关心的问题，你们没关注到，导致目标用户不愿意买这款产品，有一些对这些问题不敏感的用户出于一些其他的理由买了，但整体的销量也不大。尊重用户的意见，把产品优化才是当务之急。"

无论是"人不对"还是"人不买"，都属于目标用户的研究话题。企业应当如何寻找和了解目标用户群体呢？

在用户研究时，我发现企业常常会陷入一些误区，比较典型的误区有以下三种。

1. 研发产品的人最了解用户

第一个误区是由企业过度自信造成的。

"产品都是我主持研发的,我当然是最了解用户的一方。"企业常这么认为。

如果没有认真做过用户研究,那么企业真不见得是最了解用户的,甚至都不见得是最了解自身产品的人。因为,产品上市后,"命运"更多被掌握在用户和市场手里,企业并不知道用户会怎么使用你的产品。

比如卫生巾,它是第一次世界大战时由一名在法国服役的美国女护士发明的。当时,她用绷带,再加上药用棉花,做成了最早版本的可抛弃式卫生巾。

这名护士发明卫生巾的目的,肯定是服务女性的特殊时期。可是,她万万想不到的是,后来很多男性用户也会使用这款产品。

很多男性用户在登山、长跑或者远足的时候,由于需要长途跋涉,就会把卫生巾垫在自己鞋垫的上面。因为它非常柔软吸汗,卫生巾可以保护脚部不起水泡,并且汗可以被更好地吸收,这样可以走更长的路。

这个应用场景,当初发明者一定是想不到的。

2. 现有用户就是目标用户

第二个误区是由忽略了那些"远方的客人"造成的。

是否会存在一群人,他们其实很需要你的产品,只是因为种种原因目前尚未购买?

有一次,我为一家北京地区的高端线下连锁美甲店做用户研究。

　这家店当时在市里有三家门店，用户稳定、产品满意度高。他们想要尝试推出线上美甲服务，也就是为用户提供"手机点单、到家美甲"的服务。但问题是，市面上提供线上美甲服务的平台或企业平均客单价是 200 元左右，而他们的客单价高达 1500 元。

　这么悬殊的客单价，他们能够顺利实现线上产品的转化吗？转化后，目标用户群体会有变化吗？

　我们发现，这家企业的现有用户健康度很高，这是一群 35 岁左右、具有高消费能力的女性。她们对品牌的满意度、复购率和推荐度都表现得很优秀。但是，在研究美甲行业主流用户群体的时候，我看到了一个奇怪的数据，并由此发现了一群"远方的客人"。

　这个数据是美甲周期，也就是用户平均多长时间做一次美甲（见图 4-4）。

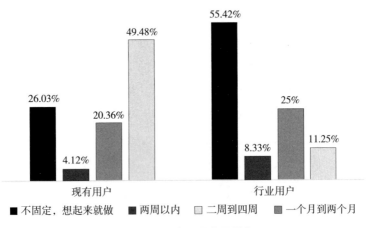

图 4-4　用户平均美甲周期

如图 4 - 4 所示，调研表明，行业主流用户的美甲周期整体很不稳定，55.42% 的人的周期是"不固定，想起来就做"。而该品牌的现有用户中，有近 50% 的人每两周到四周美甲一次，20% 左右的人一个月到两个月做一次美甲，还有 4% 左右的用户不到两周就美甲一次。

这就奇怪了，为什么他们的客单价这么贵，现有用户反而频率很高，定期去美甲呢？

另外，我们还发现，行业用户里面竟然是存在男性用户的，有 5.77%，但是品牌现有用户里基本没有男性。

看到这些信息，你有什么猜测或是推论吗？

我们以此深入研究，发现了一群具备"高购买需求"和"低购买行为"的潜在用户群体：35 岁左右，主要从事娱乐、广告、传播、金融等行业，月收入在 4 万元以上，职位级别在中高层以上的同性恋男性群体。

思考一下客单价 1500 元的这群用户的特点。如果一群人每隔一段时间花 1500 元美甲，整体一定都非常精致，不可能只是手好看，头发乱七八糟，衣服乱穿，皮肤状态很差。

也就是说，这是一群对自己外表非常在意、消费力很高，也愿意花钱在自己外表上的人。

那么，这样特点的用户一定只是女性吗？

当然不是，这是这群人的一种生活方式，对应的用户是不分男女的，这也解释了为什么行业用户里有 5.77% 是男性用户。虽然其中有一部分人的购买行为是"替女朋友买"，但也有人是因为自身精致。

于是，我们进一步找到这群有需求的男性，并约来进行线下面对面访谈。访谈发现，他们有很高的需求，却无法进入线下的美甲店。比如，其中一位用户说道：

> "我觉得手是人的第二张脸，很重要。我以前很喜欢啃指甲，但是被嘲笑了，就意识到自己的手和外表不配套。但是我没有办法进到线下的美甲店，因为大家会觉得男人进美甲店很奇怪。"

仔细想一下，现在的主流观点是，大家会认为男人进美容院没问题，甚至现在在化妆品柜台看到男性也很正常。可是如果男性进入美甲店，就会遭遇异样的眼光。这位用户表示，他并不是想涂一个很奇怪的颜色，只是想让专业的人给做一下手部护理，去去死皮，涂个营养油。

所以，这群男性有钱又有需求，而且这个需求一直得不到满足。如果这家企业对这群人推出"到家服务"，是不是很容易转化为用户呢？

现有用户并不一定是目标用户，目标用户里还可能有一群"远方的客人"。这群人可能还没有购买行为，也没有对哪个品牌有偏好，但内心的需求是很强烈的。这群人如果可以转化，是很理想的目标用户。

此外，现有用户也并不一定都是"对的"，也会存在一部分人并非企业的理想用户群体。这一点很好理解，后文中也会有对此的案例说明。

3. 目标用户越多越好

最后一个误区源自"贪心"。

在帮助企业寻找目标用户时，需要尽量聚焦，也就是缩小目标用户群体，而不是给企业画一个巨大的圈，告诉对方，全部的中国人都是你的目标用户。

之所以认为"目标人群"越多越好，可能是这么计算的：目标用户数量越多，可以"买我东西"的人就越多，其实并不是这样的。

要聚焦用户而不是尽可能多地圈定用户，有两个原因。

第一个原因是，这样可以满足用户个性化的需求，更容易进入用户的心智空间，用户会觉得，产品是专门为我设计的。

前文讲过，目前很多行业的产品不是过少，而是过多。拥有更多购买选择的用户，为什么要独独购买你的产品呢？这个问题才重要。心理学有一个理论，叫作"自我参照效应"，是指大家在接触新东西的时候，如果它与我们自身有密切关系，就会更有动力，而且不容易忘记。

在当前这个追求个性和差异化的时代，"每个人都适用的产品"的命运，往往是"每个人都不想用"，因为觉得与自己无关。只有那些"专门为某一类人设计的产品"，才会让这类人群认可，并产生归属感和忠诚度。

站在企业的角度，如果是面对全人类发言，这个企业营销的时候说点什么才好呢？就算找了一个共同话题，也一定非常空洞。但如果只是针对一小群人，比如"特别热爱摇滚乐的、80岁以上的时髦老爷爷"或者"特别喜欢周杰伦的'00后'少女"，共同话题找起来就容易得多了，并且很容易产生共鸣。

第二个原因是，避免营销浪费。企业的推广费用是有限的，用户聚焦之后，传播渠道也会相应聚焦，若投放更加准确，就可以更好地避免浪费。

如果企业针对全部国人做推广，试想一下，营销费用再多，花起来也如同在一片大海中撒了一把"鱼食"。一把鱼食怎么可能捕获整个大海的鱼群呢。有限的"鱼食"只能被有限的鱼儿看到。而就算看到，也不见得愿意"上钩"。

对于新品牌来说，更是如此。如果先广撒网、大面积投放，费用肯定是不菲的。但用户有可能会因为不认识这个品牌选择先观望一阵子。如果想反复影响他们，就要持续投放，但企业的营销费用并不是无尽的。一开始盘子铺得太大，导致后继无力的情况时有发生。

如果针对一个特定的人群做定向推广。虽然人口数量小了很多，但同样的钱可以反复影响他们，而且也能选择更适合用户的特定传播渠道。从推广费用的投入产出有效性上来看，这种选择更加合适。

最后，还要强调一下。"尽量聚焦"并不是指所有情况都要"聚焦"。很多快消品企业，由于生产的是民生类日用品，人群覆盖面的确很广，比如矿泉水、洗发水等类型的产品，无论是受众年龄还是地域都跨度很大。但尽管人群广泛，我们依然需要探寻大家的购买动机、触媒偏好等，才能更有效地做营销。

第二节　圈定目标用户的方法：3C 定位法

一、用 3C 定位法，不错失关键用户

如何能够准确圈定目标用户，不遗漏"远方的客人"，不

"真心错付"，也不忽视关键客群呢？

我有一个好用的方法，叫作 3C 定位法。它可以帮助企业在分析的时候，不遗漏重要的用户群体。

3C 定位法，是指企业在研究目标用户群体的时候，从品牌（Company）、品类（Category）、竞品（Competitor）三个视角出发研究用户（见图 4 - 5）。这个方法可以避免遗漏关键客群。

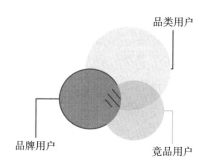

图 4 - 5　3C 定位法

品牌用户，是指品牌当下的现有用户群体，这也是企业最容易触达和研究的用户群体。

品类用户，是指行业用户。比如，作为一个口红品牌，企业对标的行业用户，是指美妆市场里面所有关注口红产品的用户。

竞品用户，是指从企业竞争的角度出发，其核心竞争对手的用户群体。

其中，3C 用户的合集，也就是三个圈层的所有用户加在一起，可以涵盖企业的重要目标用户，不会遗漏重要人群。企业研究用户，要从 3C 用户的合集开始研究，再逐步聚焦。

而 3C 的交集，也就是三个圈层的共同重叠部分，即图中中心用斜线表示的那一群人，是重度典型目标用户群体。因为这群人既是品类用户，又是品牌用户，还是核心竞争对手用户，说明他们对这个类型产品的需求很大，是典型的重度用户。

看到这张3C定位法的图片，你可能会有疑问："为什么品牌用户和竞品用户的群体没有包含在品类用户里呢？一家碳酸饮料品牌的用户，难道不应该百分之百被包含在饮料行业用户中吗？"

因为，很多企业采用的是多元化发展的战略，其产品结构有可能会横跨很多个品类。例如，一家企业，可以既做电饭煲，也做电冰箱，还有空气净化器这条产品线。但是，假如企业目前要研究的是电冰箱这条产品线，那么品类用户研究的就是对电冰箱有购买需求的用户。这样一来，品牌用户里电冰箱用户之外的用户就不会在电冰箱品类用户的圈层里。竞品用户没有被完全包含在行业用户中，也是一样的原因。

另外，还有一种情况，是品牌从战略层面有一个新的定位，可能是一个完全新的领域，例如，专注于空调品类的格力曾经开辟手机业务线；做英语培训学校的罗永浩转行做锤子科技，又进军直播行业等。新定位背后会有对应的用户，但并不在前面谈到的3C用户的范围里，或者不完全包含在3C用户中。对于这类企业，在研究用户时，起始用户就要再增加一群人：新定位用户（见图4-6）。

好主意不是好营销 用好数据，卖货给力

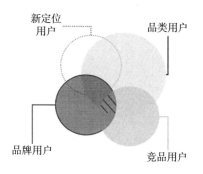

图 4 - 6　3C 定位法的延伸

二、目标用户会变吗？

建议企业要定期进行用户研究，因为随着企业的发展、行业环境和竞争环境的变化，以及用户群体消费能力和生活环境的变化，企业的目标人群是会发生变化的。有时候甚至短短半年的时间，企业的用户就会发生很大变化。

不过，企业没有必要对所有用户都面面俱到和一视同仁，这样不仅辛苦，而且效率不会太高。企业可以根据自身的发展和资源情况，对目标客户群体做一定的取舍。

在企业生命周期的不同阶段，企业的发展会有不同的目标。例如，企业在刚进入市场的时候，快速提高知名度、跑马圈地是最重要的。因此，在用户群体中，一些热爱分享、热爱尝试新事物的用户，哪怕其中部分人消费力有限，也值得争取，以便快速扩大口碑。当企业的营收平衡，开始稳扎稳打，希望成为特定人群心中最热爱的品牌时，符合品牌"最佳自我状态"的用户，是最重要的目标用户。所谓的"最佳自我状态"，是指企业在定位清晰的前提下品牌的理想状态，也就是指企业理想中最好的样子所对应的理想人群。

因此，目标用户的研究需要基于品牌的发展需求和资源现状，是灵活的和定制化的。

互联网打车行业快速腾飞的时候，我们团队曾经为一家网约车平台——易到用车——做用户研究。

当时，国内的专车市场正在飞快地成长，并且不断冲击如滴滴打车这样在移动端为消费者提供出租车服务的企业。由于当时企业的营销费用有限，如何"把好钢用在刀刃上"是关键。也就是聚焦一群用户进行重点推广，而不是一通海投，像前文提到的"往大海里撒胡椒面"。

那么，基于有限的营销费用，易到用车到底要针对"滴滴"这类主攻出租车打车的平台用户（当时滴滴的专车业务也是刚刚起步，主要业务还是提供出租车打车服务），还是其他同样处于发展初期的专车网约车平台用户呢？

这是一道"取舍"题，有限的营销费用无法很好地覆盖这两群人。如果选择前者，好处是用户基数很大；难点是其中很多用户当时没有接触过价格较贵的专车服务，购买行为的转化会有一定难度。如果选择后者，好处是这群用户已经使用过其他专车软件，在用户教育上的投入会相对低；劣势是整体的用户基数比较小。

要如何选择呢？我们通过一次用户调研找到了答案（见图4-7和图4-8）。

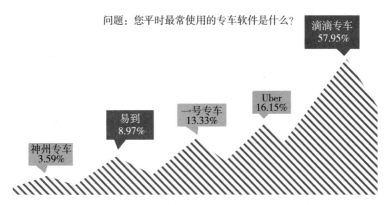

问题：您平时最常使用的专车软件是什么？

滴滴专车
57.95%

Uber
16.15%

一号专车
13.33%

易到
8.97%

神州专车
3.59%

图4-7 易到的用户调研数据示例（脱敏版）-1

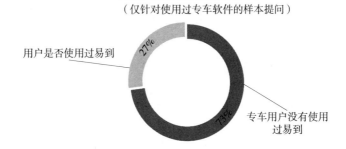

问题：您是否使用过易到用车？
（仅针对使用过专车软件的样本提问）

用户是否使用过易到

27%

73%

专车用户没有使用
过易到

图4-8 易到的用户调研数据示例（脱敏版）-2

针对当时的目标市场：一线城市，我们针对常打车的用户群体进行了随机抽样调研，收集有效数据样本953份，然后进行分析。

结果显示，当时绝大部分用户确实是通过平台约"出租车"，而非专车。但是，在相对较小的专车软件市场里，专车用户选择的主流品牌也不是易到，而是"滴滴专车"，易到当时的排名比较靠后。

通过这两张图表可以看出这一结论：在专车用户群体里，易到的提升空间也是很大的，73%的专车用户并没有使用过易到用车。

什么原因令大家没有选择易到呢？是车辆太少、服务问题，还是有其他原因呢？

结论是：知名度不够，用户没有听说过（见图4-9）。

问题：您未使用过易到的原因是什么？
（仅针对使用过专车软件的样本提问）

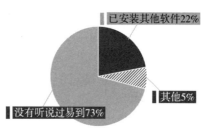

图4-9　易到的用户调研数据示例（脱敏版）－3

用户出行时，选择专车而不是出租车的理由主要集中在服务更好、环境更好和接单更快上。而通过当时易到现有用户的调研发现，该品牌在这几点上都有着非常明显的优势。调研显示，同经常使用其他专车品牌的用户相比，经常使用易到用车的用户忠诚度更高（见图4-10）。

总结一下，当时互联网专车用户基数确实远小于出租车用户数。但是对于易到用车来说，这个小圈子其实也足够大了，因为他们在小圈子里的占比并不高。

而教育一个"体验过专车优质服务的用户"安装一个可以

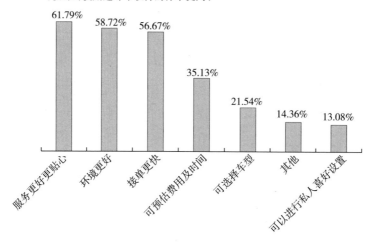

问题：在出行时，您更倾向于选择专车而非出租车的理由是什么？
（仅针对使用过专车软件的样本提问）

图 4 - 10　易到的用户调研数据示例（脱敏版）- 4

提供"更好服务"的专车 App，比教育一个"没有用过专车的出租车用户"安装一个专车 App，教育难度和成本都要低得多。尤其是对于易到用车这个品牌来说。因为他们在用户最关心的几项服务上都有明显的优势。市场占有率低的原因只是知名度低，也就是用户不知道这个品牌。

那就针对这群用户重点进行营销好了。

因此，对于当时的易到用车来说，我们建议对方主要针对专车市场的主流用户群体进行影响和转化，而不是那些没有使用过专车服务的出租车用户。等到企业未来发展到一定规模，或者有了新的一轮融资，再去重新考虑下一阶段的目标用户群体。

这个案例就是针对企业的资源和发展情况进行的目标用户

选择。在 3C 用户群体中，针对目标潜在用户的转化主要集中在竞品用户群体，而不是整个打车行业的品类用户。这既是一种灵活的取舍，也是一种聚焦。

三、研究用户，看这三类数据就够了

圈定了目标用户的关键研究人群之后，接下来的问题是，采集用户的哪些数据进行研究分析？

1. 收集数据不要贪多

前文谈过在日常工作中的常见四类数据，无论是二手数据和大数据，还是海量数据和小数据，我们现在可以获取的用户数据实在是太多了：搜索数据、短视频平台数据、论坛数据、电商数据、调研数据……如果不分类分析，这些数据就会像一团乱麻缠绕在一起，千头万绪，令人无法下手。

在用户分析的时候，我建议你不要贪多，从研究目的出发，谨慎甚至是有点"小气"地进行数据采集。

无疑，在数据公司，尤其是大数据公司那里，你可以买到几百个维度的用户数据。问题是，你需不需要那么多维度？这么多维度里有多少是真的跟你问题相关的数据？常常一半都不到。企业经常在分析用户的时候，并不需要大数据，"大量的数据"就够了。

有一次，一家招聘网站的市场负责人很兴奋地跟我说："现在的大数据公司真的是不得了！"他们刚刚购买了一个用户大数据包，里面有在北京地区生活的"90 后"年轻人的两百多个维度的数据。

"真的是面面俱到啊，好多维度真的是让我大开眼界。比如你看这里，这里还能显示他们的兴趣爱好，一周健身几次，时

间是多少，喜欢哪种健身方式，每天听歌多长时间，喜欢哪个歌手，你看他们最喜欢的是周杰伦！"

我就问他："是，他们最喜欢周杰伦，但这对你有啥用？你们招聘网站现在难道是想选代言人吗？"

并没有，他们当时只是想优化一下产品服务。

我确实是比较"招人讨厌"，在对方兴头上泼冷水。大家拿到数据包的时候，可能都会不自觉地为技术惊叹，感慨"竟然这个也能知道"。但问题是，买数据都是要花钱的，而且是按数据量的大小、按分析维度的多少来付费。从自身的研究目的出发，真的需要知道这些年轻人每周健身几次、喜欢听谁的歌吗？

同数据公司合作的一大好处是，如果你提出需求，对方可以告诉你，在你的研究目标下，你还可以看哪些你以前没有想到或不知道的维度。但就算有钱，也没必要把相关维度的数据全买下。好好分析一下用户的工作周期、通勤时间、换工作的诉求等跟目标强相关的维度，其实就够了。

不过看到这里，你也不用担心自己的隐私泄露问题。2021年6月10日，《中华人民共和国数据安全法》颁布，里面有非常明确的用户数据分类分级保护，各个数据公司都需要遵守。企业可以买到群体用户的趋势数据，但无法知道每个个体的具体数据。

2. 三类数据聚焦关键用户

接下来谈一下当你手里已经掌握了很多关键用户的数据后，要怎么分析。我的建议是，你可以按照元数据、行为数据和态度数据三个维度，把数据进行分类分析。

元数据

元数据也称社会学属性数据，是指可以定义人群的数据，比如，性别、年龄、地域分布、婚姻状况、学历、所在行业、职业角色、职位层级、收入水平、住房情况、购车情况等。

元数据的意义在于：标定人群身份的基础属性。当你想要聚焦用户的时候，可以通过这类数据率先筛选。

例如，你的产品单价比较贵，对标的是中高收入人群，分析的时候你就可以通过"月薪"或"可支配收入"这类元数据把低收入的用户去掉，大大减少了你研究用户的总样本数，便于聚焦分析。

这类数据的特点是稳定度强，不改变或改变缓慢。

以图4-11所示的用户数据分析维度为例，基本属性和社会/生活属性，就是元数据。

图4-11　用户数据分析维度示例

行为数据

行为数据是指特定人群可被记录的行为痕迹数据。比如，媒体接触行为、页面停留时间、社交行为、打车行为、购买行为、收藏行为、社交账号关注行为、App 下载行为、健身频次、用餐行为、作息状况、观影行为、特定行为的完成度、特定行为的频次等。

行为数据的意义在于：帮助我们更具象地理解特定基础属性人群的行为特点。同时，也能将目标用户的圈子进一步缩小。

还是上面那个例子，单价比较贵的产品，对标的是中高收入人群。分析的时候可以先通过元数据把低收入的用户去掉，再通过"是否购买过该品类的产品""是否购买过该价位的产品"等具体行为，进一步缩小用户圈子。

这么大刀阔斧地砍掉目标用户，会不会遗漏掉对的人呢？

也许会，但没关系。

营销投放追求的不是面面俱到，而是投入产出比。前文说过要聚焦用户，这样可以避免营销浪费。因为企业的营销费用有限，人群越精准聚焦，越可以选择更准确的渠道，找到更到位的广告话术。因为人群特点越典型，越容易找到用户的共性（如果用户是全人类，共性可就太难找了，唯一的共性可能就是"都还活着"）。这样不但可以有重点地进行产品和服务的优化，令其能够更好地服务目标对象，也能在营销上大幅提高效率。

所以不要心疼有可能会因此漏掉的用户，你可以把他们看成"正常损耗"。

行为数据的特点是容易被获取和跟踪，易被识别和分析。

图 4-11 中的"行为习惯"类目就属于行为数据。在"兴趣爱好"类目中，品牌的购买、关注、谈论属于行为数据，娱乐观看行为、休闲行为、打游戏的时长及频次、旅行目的地、旅行的时长及频次、购物内容等也属于行为数据。

态度数据

态度数据是指特定用户对特定现象或品牌的态度、人群自身的消费态度、价值观、人生观、事业观等数据，比如购买动机、商品满意度、品牌识别度、品牌忠诚度、口味偏好、交友观念、压力状况、话题偏好、兴趣爱好、消费观念、价值观、事业观、世界观等。

这类数据可以帮助我们更好地理解行为背后的原因，让我们更"懂"用户。

它的特点是跟行为数据有着强因果关系，不易被获取和跟踪，不易被准确识别。

这里需要重点说明的是，有心人会发现，有时候态度数据和行为数据难以划分。例如，音乐类型偏好，既可以表示对方"内心偏爱的音乐类型"的态度，又可以说是其"日常最频繁聆听的音乐"的行为。

其实，所有的态度，终将会导向行为，态度是行为产生的原因，有重叠实属正常。另外，简单态度的背后，常常还会蕴含更重要的价值取向等特征。还是以音乐为例，如某群人的行为数据是：最爱听"五月天"乐队的音乐。背后的态度共性可能除"喜爱流行音乐"外，还有"喜欢积极向上的音乐，是一群乐观派"（这只是可能性之一，在此处仅供参考）。

还有一点值得注意，态度和行为有时不会同时发生，而是会有延时。比如某人不喜欢游泳，但平时并没有任何行为表征，直到有一天大家集体去游泳他表现出拒绝，这个态度才被获知。也就是说，不喜欢游泳的态度和拒绝游泳的行为并不会同时发生，中间存在延时。

再如，有群人其实内心希望追求高品质的生活，但刚刚毕业，收入有限，只能买得起便宜的生活用品。而且，在很长一段时间内，这种需求和收入之间的巨大鸿沟都会存在。也就是从行为看，他们表现得有些"抠门"，但其实"抠"不是真正的他们，只是在这个人生阶段中的短期行为。

如果我们不主动探寻态度数据，仅仅依靠行为数据做判断，认为这群人不重视品质，只在意价格，是不准确的。

这就是研究态度的重要意义。

刚才提到的品牌态度、音乐类型偏好、购物偏好等都属于态度数据。在图 4 - 11 中，"心理学属性"分类就是典型的态度数据。

四、用户的动态分析法：3C 九宫格模型

总结一下，用 3C 定位法收集完用户数据之后，我们需要以元数据、行为数据、态度数据的分类标准把数据进行分类，并在过程中，根据企业和产品的特点，进一步缩小研究圈子，将用户一步步聚焦。

接下来要怎么办，要怎么分析呢？

因为到这一步，你会发现，手上的数据还是太多了，依然难以抉择到底哪些数据有用，哪些数据没用，以及不知道怎么分析。

那么，你可以使用我的这张表格（见图 4 - 12）进行填空分析。

	品牌	品类	竞品
元数据			
行为数据			
态度数据			

图 4–12　人群画像 3C 九宫格模型

这张表叫作人群画像 3C 九宫格模型。我在奥美集团负责数据营销部门的时候，从无到有做起了用户画像的咨询业务，服务了京东、浪潮等多家企业。业务的核心基础逻辑，就是这张表格。它可以帮助你筛选数据，避免贪多，也可以帮助你整理分析思路。

这张表里的核心元素在前几小节里都一一讲过了。它的使用步骤是这样的。

第一步：在收集用户数据时，从 3C 视角出发进行收集。并将收集来的数据按照品牌用户、品类用户、竞品用户的分类进行存放。

第二步：针对每个 3C 的分类进行数据精简，删掉同研究主题无关或弱相关的数据，犹豫不定的数据可以标红或者整体放在最后。

例如：

- 品牌用户：用户同品牌的关系是什么？用户的共性有哪些？背后的价值观和消费观是什么？购买情况如何？怎么购买的？有哪些关键渠道？使用情况如何？推荐度怎么样……

- 品类用户：品牌在行业用户中的认知度如何？产品在品类中的用户接受度如何？用户购买该品类产品（包括但不限于自身品牌）时有什么特点？购买频次如何？购买动机是什么……

- 竞品用户：用户在用哪个品牌？为什么不选择自身品牌？用户有什么特性？用户的购买过程如何？他们对产品满意吗……

第三步：把上述的每个分类，按照元数据、行为数据和态度数据再进行一次分类摆放。

这样，用户的数据就布满了这张图。如果你的数据过多，一张图装不下也没有关系。按照这九个格子的逻辑进行整理分析就可以。

第四步：数据分析。将九宫格中每排每列的同类数据两两进行交叉对比，找共性，更要找不同。并进一步研究共性和差异背后的原因是什么，思考企业应该怎么做。

为了帮助理解，以国内某修图美颜软件品牌 A 为例，我做一个简单的示例。这里的重点并不在各类数据应该放在哪个格子里，分类排放是很简单的。重点是直观地看到这么分类后可以很好地帮助大家厘清思路，以及如何通过交叉对比，通过找共性、找不同来思考企业应该怎么做（见图 4-13）。

	品牌A用户	品类用户	竞品B用户
元数据	80%以上的用户集中在15-25岁； 用户中70%为女性； 未婚用户占比87%； ……	80%以上的用户为15-29岁； 用户中80%为女性； 未婚用户占比69%； ……	90%以上的用户集中在20-40岁； 用户中87%为女性； 未婚用户占比49%； ……
行为数据	80%用户每周会打开产品1次； 用户平均每周使用该产品1.2次； 20%的用户还会使用该品牌旗下的视频软件产品；	60%用户平均每周使用产品3-5次； 用户平均每周使用产品2.2次； 用户最常用的修图品牌中，国外品牌占比13%；	55%的用户每天都会使用B产品； 用户平均每周使用该产品4.7次；
态度数据	用户选择品牌A的主要原因是"修图效果自然"，占比85%； 51%的用户修图是为了分享； 81%的用户选错了代言人，选对的用户中41%的人不喜欢该代言人，认为"土里土气"； ……	67%的用户修图是为了分享；用户最常用某品牌而使用的关键原因是：功能齐全（35%），因为喜爱品牌而使用的比例为2.2%； 尝试使用新修图产品的原因是"新的功能"（75%）； 最常使用国外品牌的用户，认为该品牌最显著的特征是个性鲜明（71%）、高端时尚（68%）； 所有被测品牌评测代言人时，每个品牌被选择最多的代言人，均为品牌b的代言人（75%~83%）； ……	73%的用户修图是为了分享； 用户使用B产品的主要原因是"功能齐全"（39%和"美颜功能强大"（30%）； 83%的用户选对了品牌代言人。

图 4-13 3C 九宫格使用示例

1. 品牌 A 用户

（1）元数据：呈现品牌 A 现有用户人群的元数据。可以清晰地反映现有用户的基础属性是怎样的：集中在 15 ~ 25 岁，70% 为女性用户，87% 为未婚女性。

（2）行为数据：呈现品牌 A 用户的行为共性。包括触媒偏好、购买渠道、品牌 A 的使用习惯、分享行为等：80% 的用户每周会打开产品一次，平均每周使用 1.2 次，20% 的用户会使用同集团兄弟产品——某视频软件。

（3）态度数据：此处呈现品牌 A 用户的喜好和价值观共性。现有人群对品牌 A 的好感度、忠诚度、偏爱品牌 A 的理由等：选择品牌的主要原因是"修图效果自然"，51% 的用户使用软件是为了分享；81% 的用户选错了企业的代言人。选对的用户中有 41% 不喜欢该代言人，认为"土里土气"。

分析及思考：

⇒ 15 岁以下及 25 岁以上的用户为什么占比很低，是因为没需求，还是不知道品牌 A，或是其他原因？他们会使用其他品牌的同类产品吗？

⇒ 用户修图主要为了发朋友圈或其他社交平台，但每周平均只会打开软件1.2次。用户每周平均只发 1 次跟图片相关的朋友圈吗？如果答案是"否"，为什么有的照片修图，有的不修。修的是哪类图？不修的图是因为没有必要修，还是因为产品使用起来比较麻烦，因此不是很重要的图就不修了？

⇒ 两成用户会使用同集团视频产品，是修图软件用户导流到视频软件，还是视频软件导流到修图软件。导流的用户有什么共性？导流的推力是什么？可以进一步扩大兄弟产品之间的用户导流吗？怎么做？

⇒ "修图效果自然"是品牌主推的产品特点吗？该产品特征在行业里是否有明显的竞争优势？品牌认为自己最大的优势是什么？用户对该优势的认知度如何？

⇒ 品牌的代言人策略有较大纰漏，代言人同产品相关性弱或者是宣传力度不够，导致用户无法将代言人同品牌或产品联系上。代言人在用户心目中的好感度不高，其对品牌带来的影响力存疑。可以进一步研究用户中有多少人是出于代言人的原因开始使用产品。但这个数据一定是少于19%，因为81%的用户选错了代言人。

⇒ 品牌当前是否需要代言人？代言费用是否可以有结余放在其他更需要的地方？这个问题值得进一步研究。

⇒ …………

2. 品类用户

（1）元数据：修图市场用户的元数据。品牌用户的元数据常常和品类用户之间存在差距，这值得深思，后者的部分用户会是品牌值得争取的潜在用户。这里的数据是：15 ~ 29 岁，80%是女性，未婚用户占比 69%。

（2）行为数据：修图市场用户的行为数据。包括触媒偏好、购买渠道，也包括人群使用该软件的频次、数量等行为共性。同样，和品牌用户的典型行为作对比，能帮助发现品牌目前的短板和不足，为下一步有方向地调整策略提供依据。这里的数据是：60%的用户每周使用产品 3 ~ 5 次，平均每周使用 2. 2 次，用户最常使用的修图品牌中，国外品牌占比 13%。

（3）态度数据：修图市场用户的态度数据。有助于企业了解品类用户对业内品牌的认知度、好感度、忠诚度，以及背后深层次的情感或价值观原因。企业可据此对比品牌用户的态度数据进行深入思考。这里的数据是：67%的用户修图是为了分享；针对最常用的品牌，用户选择最关键的原因是：功能齐全（35%），因为喜爱品牌而使用这个产品的比例为 2. 2%；尝试使用新修图产品的原因是"新的功能"（75%）；最常使用国外品牌的用户，认为该产品最显著的特征是个性鲜明（71%）、高端时尚（68%）；所有被测品牌评测代言人时，每个品牌被选择最多的代言人，均为品牌 B 的代言人（75% ~ 83%）。

分析及思考：

⇒ 品类用户比品牌用户的主要年龄段更宽，女性用户更多，未婚用户占比更低。品牌 A 的产品可能有更打动未婚女性的特征，可以进一步研究。同时，如果不是营销渠道的偏差（投放的时候由于渠道的偏差导致 15 岁以下及 25 岁以上看到产品的人较少），那么产品有可能有 25 岁以上女性不喜欢的地方，也需要进一步研究。

⇒ 品类用户使用产品更加频繁，需进一步探索品牌用户黏性差的原因，看产品是否有什么不足。

⇒ 用户最常使用的修图产品中，国外品牌占 13%，这个比例虽然不高，但进一步研究发现，修图市场中由于竞品 B 一家品牌在整个市场的占有率就超过了 70%，即市场集中度很高，因此这 13% 的国外品牌就值得进一步研究了。数据显示，用户喜爱这些国外品牌，主要是因为产品个性鲜明、高端时尚。品牌 A 可以思考用户为什么会有这样的感受，以及自己的风格是什么，品牌 B 有什么可以借鉴之处。

⇒ 品类用户修图背后的分享推力更大，可以思考品牌 A 的分享功能是否可以优化。用户最常使用一个品牌的关键原因虽然是功能齐全，但排名第一的选项的比例只有 35%，也就是说用户的选择分散度很高，这一点值得深思。另外，只有很少的人选择产品是出于对品牌的喜爱，说明市场从整体来看，各个品牌的号召力都表现一般。这一点值得品牌 A 深思，下一步可以重点加强。

⇒ 虽然市场的集中度比较高，但用户也愿意尝试安装新的产品，只要有吸引力大家的新功能，这是很积极的一个结论。

⇒ 代言人的评估显示，品牌 B 的代言人同品牌 B 的相关性没有其同修图软件这个品类的相关性高。因此才会出现几乎所有品牌的用户在选常用品牌的代言人时，选的都是同一个人。也就是说，品牌 B 一家花钱，但是其代言人给全行业代了言。在这种局面下，品牌 A 当前还有没有必要继续使用代言人？结论就更明晰了。

3. 竞品用户

（1）元数据：主要竞争对手品牌 B 的用户数据。同样，对比品牌用户及竞品用户的元数据，探寻中间的差别和背后的原因。这里的数据是：90% 以上的用户集中在 20～40 岁；用户中87% 为女性；未婚用户占比 49%。

（2）行为数据：主要竞争对手品牌 B 用户的行为数据。分析方法同前，这里的数据是：55% 的用户每天都会使用 B 产品；用户平均每周使用该产品 4.7 次。

（3）态度数据：主要竞争对手品牌 B 用户的态度数据。同样分析同品牌 A 用户之间的差别，并思考背后的原因。以及思考将竞品用户转化为品牌 A 用户的机会点。这里的数据是：73% 的用户修图是为了分享；用户使用 B 产品的主要原因是"功能齐全"（39%）和"美颜功能强大"（30%）；83% 的用户选对了品牌代言人。

分析及思考：

⇒ 品牌 B 的用户在年龄上的跨度更大，女性用户更多而且成分也更多元。其未婚用户占比是三类用户里最低的，也就是说产品 B 的包容性更大。考虑到品牌 B 的市场占有率很大，它的产品为什么可以被更多元的用户喜爱，是下一步需要研究的。同时也需要思考，品牌 A 的未婚用户占比很高，这应该是未来需要加强的"产品特质"，还是需要改善的方向？

⇒ 品牌 B 的产品黏性更高，需要研究背后的原因，寻找品牌 A 值得学习和借鉴的地方。

⇒ 品牌 B 的产品分享功能及机制值得进一步研究，用户表现出高于行业平均水平的分享倾向，用户使用品牌 B 的主要原因是"功能齐全"及"美颜功能强大"，这两个选项同行业其他品牌一样，用户的选择比较分散，排名第一的选项只有 39%。这意味着用户有多元的使用诉求，可以研究有哪些诉求是品牌 A 的产品下一步应该优化的。同时需要注意到，品牌 A 的用户选择的主要原因是修图效果自然，并且集中度很高，有 85% 的用户选择了这个选项。这是否是品牌的优势，可以进一步强化？这个问题需要进一步研究。

这里你可能会产生疑问，品牌 A 的用户应该包含在品类用户里，为什么同样一道题，高达 85% 的用户选择了"美颜功能强大"，但是在品类用户的答案中，排名第一的却不是这个选项，而是"功能齐全"，而且占比只有 35%？品牌 A 用户的选择难道不会影响行业用户的结论吗？

答案是：会影响。但由于品牌 A 的市场占有率过低，因此用户的答案对品类用户的答案影响并不大。而品牌 B 由于市场占有率高，其用户的答案对品类用户的影响就会比较大。

品牌 B 的用户对其代言人是谁较清晰，但这并不影响上个阶段的结论。

不知你是否能够感受到我废话了好几页来做示例的目的。

在用户分析中，使用 3C 九宫格模型，每一次研究，通过这样的对比分析，你都能获得很多有用的发现，以及找到下一轮做调查分析的方向。用户研究是一个逐层递进、抽丝剥茧的过程，不是一蹴而就的。

这里受篇幅所限，我在每一个格子里只保留了几条数据结论，目的只是解释模型的用法。提醒大家，在实际分析时，数据量是很大的，不会这么简单。同时你肯定也注意到了，就算是这么一点点的数据，分析起来也有一大堆内容。

我不建议企业把研究用户的工作全部交给第三方公司来做，因为里面有太多的细节是只有企业才了解的。企业同第三方咨询公司合作做用户研究，效果会更好。

用户分析、用户画像是一个系统、复杂的工作，我在这里就不再继续展开了。3C 九宫格模型与其说是一个模型，倒不如说是提供了一种分析用户的视角。它上手并不难，你可以试试看。

第三节　重要用户在哪里？

一、"爱你"的用户与"有钱"的用户，谁更重要？

当企业已经累积了一定数量的用户，就会进入一个相对舒适的状态。比起市场开拓期，这个阶段企业在营销上可以稍微轻松一些，口碑会慢慢发酵，部分用户会伴随着与品牌的接触逐步成为忠实拥趸。

现有用户群体是品牌十分宝贵的财富。如何更好地区分和管理这群用户，让更多的人可以持续使用和购买产品、密切与品牌之间的关系呢？这是企业在做用户管理的时候最关心的问题。很多企业会推出 VIP 会员卡、老用户折扣和复购活动等一系列的举措。也会通过给用户打不同的标签来区分用户，有针对性地开展管理和营销。

那么，这部分工作要如何提高效率呢？在管理用户的时候，究竟要怎么判断用户的价值，"爱你"的用户和"有钱"的用户，哪群人更重要，更值得去维系呢？

对此，美国著名创业企业孵化器 Y Combinator 公司的创始人保罗·格拉姆有一句经典的话："作为一个企业，有 100 个非常非常'爱你'的用户，要远远好过有 10000 个觉得你还不错的用户。"

也就是说，让 10000 个人说好，不如让 100 个人尖叫。

1. 让用户感到被偏袒

如果把用户进行细分，你会发现，有些用户可能消费一两次就离开了，有的用户在很多品牌之间摇摆、雨露均沾，有的用户会对你的品牌有相对稳定的关注度，还有极少部分用户是你的"铁杆粉丝"，非你不买。后面的两群人是对企业利润贡献最大的群体，他们不但反复购买你的产品，还会主动向身边的人推荐，是品牌的传播小能手。

不错的用户只是偶尔购买，企业即使再努力，也可能只能做他一两次生意；"特别爱你"的用户才会一直买买买，不但自己买，还推荐别人买，可以说是企业行走的广告牌和利润增长的原生种子。

前文说过，在当下的环境，我们很难用同一个产品或解决方案满足不同用户的需求。哪怕都是企业的现有用户，也有不同的类型。在有的用户心中，你只是"平平无奇"，但在有的用户心中，你是"夜空中最闪亮的星"，他们会为你尖叫呐喊。重点服务好这些人，再逐渐扩大市场边界，是一种十分理智的做法。

也就是说，针对这些"特别爱你"的常客，给予特别的

"偏袒"，

注意，这里并不是指"看人下菜碟"，不是说给有的用户提供高品质的产品，给另一些人品质不佳的产品。而是说，为所有用户都提供最高品质的产品或服务，同时，为重要用户提供"特殊服务"。

对此，国际顶级酒店丽思卡尔顿酒店深谙其道。他们的客户管理理念中有一条：让频繁入住的"常住"用户享受"比最高级更高级"的服务。

丽思卡尔顿酒店会将常住用户的信息进行收集和集中管理。无论用户入住全球哪家丽思卡尔顿酒店，前台都可以迅速在电脑上看到用户的信息，并对常住的用户实行定制般的偏袒。

他们要求手下的员工留意这些常住用户的房号，主动按下电梯的楼层按钮；即使客户没有告知抵达时间，也依然需要到机场接机；准备用户喜欢的料理，不论来自哪个国家。甚至据说有一位常住用户曾带着咖啡机入住，自此以后，他每次入住丽思卡尔顿酒店，其所在房间都会预先备好咖啡机。

为了能够快速解决和满足常住用户的问题与要求，丽思卡尔顿酒店还赋予员工每天2000美元的"自主处置权"额度，他们无须请示上级就可以为过生日的用户送上一瓶酒。

就是靠这种极其"变态"的偏袒，丽思卡尔顿酒店牢牢把握住了自己最重要的用户群。

很多大企业的成功起点，都是源自一群深爱这些品牌的用户。例如，小米手机在MIUI（小米科技推出的一款Android移动操作系统）内测的时候，只有100名"发烧友"，后来这群人成为小米的"梦想赞助商"。著名的运动相机厂商GoPro在最开始发展时，在冲浪爱好者群体中受到欢迎，并由此收获了一大批运动爱好者成为狂热粉丝。亚马逊、京东都有自己成熟的会员体系，并会从中选出优质用户进行重点服务。

在后文中，我把这群用户称为企业的"超级用户"。

这里我还想补充一下，对于"超级用户"来说，企业需要"偏爱"他们，而不是过度"打扰"他们。

丽思卡尔顿酒店的行为是"偏爱"，因为这些用户除享受到常规服务外，还有额外的惊喜，并且这"惊喜"是他们需要的。有的企业也会特殊对待"超级用户"，不过效果适得其反。因为企业并没有给予他们额外的惊喜，而只是把他们的手机号集中在一起，然后没事儿就推送广告，期望促发他们的进一步购买行为。这些企业的脑回路是：既然这群人经常购买我们的产品，他们一定很希望经常收到新产品的广告，那我就可以高频率地给他们发广告。

事实是，大部分用户非常讨厌这样的"打扰"，这个行为会弄巧成拙，让他们的好感度下降。企业要站在用户的角度思考，给予额外的"偏爱"，而不是站在自己的角度，在同一群羊身上"吃相难看"地猛薅羊毛。前者虽然实际效果确实会提高用户未来的购买力，但这前提是用户心甘情愿，而不是被催促、被提醒下的购买。这一点很重要。

2.25%的回头客创造75%的利润

来自日本的客户服务管理师高田靖久先生在他的《25%的回头客创造75%的利润》一书中写道："对于任何一个企业来说，25%的回头客能创造企业75%的利润，因此我们需要抓住25%的回头客，滚雪球一样地增加企业的利润，这才是利润能持续增加的核心所在。"

这 25% 的用户就是"超级用户"。

企业如何找到他们呢？

从数据的角度来看，这群人身上有两个特点：

（1）高忠诚度：从情感上对品牌有明显的偏爱；

（2）高价值：持续为品牌提供价值，也就是从行为上在近期（通常会以年为单位）经常购买产品，购买高客单价产品。

从忠诚度和价值角度出发，我们可以把企业的现有用户分为四个象限，分别对应重要价值用户、值得发展/挽留用户、策略放弃用户和重要转化用户（见图 4-14）。

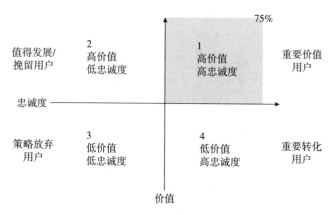

图 4-14 现有用户价值分类模型

第一象限：高价值高忠诚度用户，这一群人非常钟爱企业的产品，并且常常消费，是企业的"超级用户"，也称为重要价值用户。

好主意不是好营销 用好数据，卖货给力

第二象限：高价值低忠诚度用户，这一群人消费力不错，但对品牌没有明显偏爱。有可能是对产品还不够了解，或者对品牌的优势不敏感、不感兴趣。因此这群人有流失的风险，需要企业有针对性地进行了解和服务，是值得发展/挽留的用户。

第三象限：低价值低忠诚度用户，这些用户对企业往往只是"听说过没买过"或者"只买过一两次但很快就忘记了"。这一群人在情感上对品牌没有偏爱，行为上也购买很少，可以策略性放弃，把主要精力用在更有潜力的用户上。

第四象限：低价值高忠诚度用户。这一群人很喜欢这个品牌，但是出于种种原因，购买行为并不突出。当前虽然没有贡献高价值，但是潜力很大，而且很愿意向周围的人推荐。这一群人我称为重要转化用户。企业可以重点影响和转化这群人的推荐行为，激励他们多多推荐，并进一步研究探索如何提升他们的购买力。不过就算短期内无法提升购买力，这也是一群重要的用户。

其中，虽然高价值用户主要集中在第一象限，但是对于企业来说，不能只服务高价值用户，未来有高潜力的用户也是值得投入和付出的。所以总结一下，现有用户中的一、二、四象限用户，都是企业应该重点服务的人群。

学会这个模型，以后你就可以快速地把不同价值区间的用户比例计算出来，从而可以对用户群体做一个整体观察。

二、谁才是"忠诚用户"？

前文中，多次提到"忠诚度""忠诚用户"这样的词汇。

请思考一下：什么样的用户是"忠诚用户"？

你的第一反应可能是：多次购买的人就是忠诚用户。

如果这样的话，高忠诚度用户不就等于高价值用户了吗，前文中的"现有用户价值分类模型"为什么要设忠诚度和价值两个轴，而不是只有价值一个轴呢？

如何正确筛选"忠诚用户"，是个很容易出错的指标。

1. 为什么初中生要狂买口红？

有一次，一家彩妆品牌圣巴黎（化名）的负责人张经理找到我，这是一位精致干练的中年女性。在阐述诉求的时候，她思路清晰，语速也很快。

她主要负责该品牌的口红产品线在网络平台上的营销工作。这条产品线这几年的销售表现还不错，但她想要再上一层楼。于是，她让人整理了一年以来，通过天猫、京东等电商平台购买过圣巴黎 10 支以上口红的用户信息，大概有五万多人。

> "这五万多名用户，是圣巴黎最重要的忠诚用户。我把这群用户的相关信息都整理好了，例如，她们的购买时间、金额、购买的产品型号、色号、间隔时间，还有一些非隐私的个人信息，年龄、地域等。请分析一下这些数据，看看她们有哪些共性的特征或发现。我们下一步就可以根据这些共性特征，去寻找具有类似特征的非圣巴黎用户，然后去做营销推广，转化她们。这样产品的营销转化效率一定会很高。"她自信满满地对我说。

她的思路逻辑通畅、因果明确，听起来很有道理。

但这五万多人，真的是圣巴黎的忠诚用户吗（如图 4-15）？

图 4 - 15　谁是圣巴黎的忠诚用户?

我问她:"请问,这些购买过 10 支以上口红的用户,她们的购买理由是一样的吗? 都是因为喜爱圣巴黎这个品牌才购买的吗?"

她被我问得有些懵:"……不一样吧。但购买理由很重要吗? 不管黑猫白猫,抓到老鼠就是好猫。管她们是因为什么购买,只要买了产品不就可以吗?"

"很重要啊。比如两个人结婚,结婚是因为钱,还是因为爱,是因为房子,还是因为户口,你觉得不同的理由会影响到他们未来的关系吗?"我笑眯眯地问她。

"确实很重要",她说,"这意味着用户和品牌之间的关系是不是稳定和长远。"

"是的",我说,"就如同人和人之间的关系一样"。

于是,针对这五万多名用户,我帮圣巴黎做了一次抽样问卷调研。这一调研,发现了两群很有意思的用户。

第一群用户是一群年轻的都市女性,她们往往刚毕业没多久,收入水平有限。但是她们的工作需要每天化妆,因此配合不同的服装颜色和工作场合，需要多种颜色的口红。

"圣巴黎是我能买得起的最便宜的一线品牌，所以我经常买它家的口红。"

这是这群人购买这么多支口红最重要的原因。而且，深入调研发现，伴随着拼多多、淘宝平台上很多物美价廉的国产品牌的出现，这群人也有明显的流失现象。

我问张经理："圣巴黎的品牌定位是'物美价廉的一线品牌'吗？"

"并不是啊！"她说。

事实上，圣巴黎的定位是一个高级、时尚、国际化的品牌。既然如此，这个定位为什么没有被很好地传递出去呢？

"你们之前是不是经常打折？"我问她。

"是的，为了冲销量，我们在几个网购节前后，还有我们的店庆、三八节、劳动节等节日的前后都在打折。"

正是因为圣巴黎之前不断地打折、不断地让利，所以在用户心中，这是个便宜的品牌。而这群刚毕业的用户，也并不应该是企业正确的目标群体。目标用户应该年龄再稍大一点，收入水平也更高些。

第二群有意思的用户，是一群年龄不足 16 岁的初中少女，而且这群用户的比例还不小。

一群还没有工作的学生，为什么要购买这么多支口红呢？她们平时上学并不能使用口红啊。

"买圣巴黎，是因为我喜欢的偶像代言了这个品牌。我们粉丝群里很多人为了支持哥哥，买了它家多支口红。"

偶像代言是她们购买的最主要原因，这也是"粉圈"的一个典型行为：为了支持自己喜欢的偶像，帮助偶像证明商业价值，粉丝会去购买其代言的产品。

从正面角度讲，说明这位偶像在促进产品销量上确实有着一定的影响力。但问题是，当代言合约结束之后，偶像的粉丝还会继续购买口红吗？

"你们选择的代言人很可能存在一定的偏差。很有可能这位代言人的影响力人群的年龄非常低，就像这次调研发现的这群16岁以下的用户群体。这群低龄用户并非圣巴黎期待的目标群体。所以你们的代言可能存在比较严重的效率问题。"我提醒张经理。虽然这次不是针对代言做的专向研究，但是这群比例较大的低龄用户已经很明显地在提醒，在代言人选择上存在偏差。

综上所述，这两群用户都具有高购买行为，但她们都不是品牌正确的目标用户。如果我按照张经理之前的要求，以这两群人为蓝本去做忠诚用户的总结分析，然后以此为基础去寻找更多这类用户做营销转化，营销效率会高吗？答案明显是"不会"。

"那么，到底什么样的用户才是忠诚用户呢？"张经理问。

"只有因为喜爱圣巴黎而购买的用户才是品牌最需要的用户。"

如何判断用户是否喜爱呢？

企业无法进入用户的头脑中去，也无法直白地问用户"你是否喜欢我们品牌"，就算这么问了，结果也存在一定的误差，因为无法保证用户的回答都是真实的，而不是"给个面子说喜欢"或者"其实犹豫不决，但你既然问我了，干脆就说喜欢吧"。

所以，我们会通过一个指标，从侧面来证明用户的内心。这个指标，叫作 NPS 指标。

2. NPS 指标

NPS（Net Promoter Score），中文是用户净推荐值，也就是用户是否愿意将这个产品推荐给其他人。

用户的购买有各种原因，购买并不等于满意，也不等于忠诚。刚才谈到的第一群用户，并不是因为喜爱圣巴黎才买，而是出于"占便宜"的心态。因此，她们也很容易被更大的"便宜"吸引走。第二群用户，甚至很少使用口红，只是为了支持偶像，这种购买自然也是脆弱的。

但如果用户愿意把一款产品推荐给周围的人，绝大多数情况下，意味着她对于品牌是"真爱"。

只有你很喜欢一个品牌，才会愿意花费自己的时间精力和影响力，推荐给其他人。因此，"推荐"这个行为是侧面证明用户真心的一个不二指标。

为什么说"绝大多数情况"，而不是全部情况呢？

因为也会存在少数的情况，用户的推荐不是发自本心，而是源于商家的激励，如物质奖励。

有一次，山东省一家做智慧城市 App 的企业负责人找我聊产品的营销，说花了不少钱，但是效果并不好。我看了一下产品后台新增用户的增长曲线。新增用户每周都是正向增长，但是整体用户数增长极其缓慢。于是我调出了整体用户的增长曲线，发现是类似这张图的走势（见图 4 - 16，出于保护品牌隐私，该图为作者手绘的脱敏版）。

为什么会在涨到高点之后有一个明显的下滑？

我问他："你们在这个时间节点前后，是不是用礼品激励用户注册或者推荐了？"

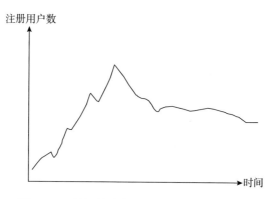

注册用户数

时间

图 4 – 16 某智慧城市 App 注册用户趋势示例

对方确实采取了注册送大礼包、推荐新用户注册成功送鸡蛋等一系列的推广行为。而这些"羊毛党"领完了礼品之后就注销了账户。就算有些人没注销，他们的账户也都是"僵尸账户"。

这种人为通过礼品激励用户的推荐行为并不能代表用户的真心喜爱。因此，只有出自品牌或产品的真心认可而产生的推荐行为，才能够证明"忠诚"。

那么，没有购买过但有推荐行为的用户，是忠诚用户吗？

答案是：是的。

在前文"现有用户价值分类模型"中，第四象限的用户叫作低价值高忠诚度用户。这一群人很喜欢这个品牌，但是出于种种原因，购买行为并不突出，甚至是没有购买行为，但他们依然很重要。

虽然购买力并不强，但他们可以激励或推动别人购买。在服务奔驰品牌的时候，我们就发现了不少这样的"发烧友"。这群人普遍比较年轻，刚刚进入社会不久或还是学生，主要是男性。他们非常喜欢车，对于奔驰这个品牌很熟悉也很热爱。这种熟悉并不是在经常使用产品之后形成的，而是源自奔驰品牌历史悠久的各种品牌故事、产品故事等。他们对奔驰的历史如数家珍，对品牌的理念也十分认可。只要出新产品，他们都会去研究和了解，并且在论坛上积极发言。只不过由于年龄尚轻或经济水平有限，没有买过奔驰车。但只要周围的人买车，他们会大力地推荐。由于对品牌十分了解，以及心中的热爱，他们的推荐往往特别有感召力。

从购买行为和金额看，他们对奔驰的贡献值是 0 元。但他们间接促成了其他人的购买。而且等他们日后经济水平提升了，可以买车了，他们也一定会购买奔驰。这群人就属于保罗·格拉姆口中的那"100 个非常非常爱你的用户"。

小结

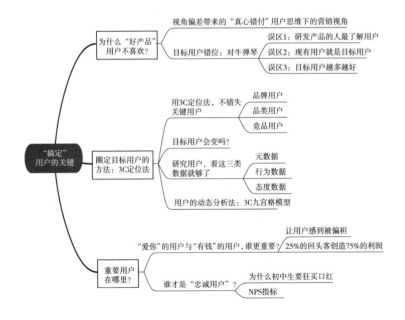

以上就是这一章的全部内容。

面对用户时，企业有时会有一种很委屈的感受：我本将心向明月，奈何明月照沟渠。觉得自己的产品性价比高、外形美观、又很实用，但是用户就是不愿意购买。

这有可能是因为企业眼中的"好"和用户眼中的"好"不一样。也有可能是搞错了对象，没有聚焦正确的用户群体。

用户研究是一个复杂又重要的课题，这个课题几乎是所有企业关键决策背后的底层逻辑。好的用户研究要做到不遗漏关键群体，不在投入上铺张浪费，最重要的是，在研究结论中给企业提供有用的建议。

由于市场、企业自身及用户群体一直处于变化中，用户的研究并不能做一次管终生，而是需要定期分析。在圈定目标用户的起始群体时，你可以使用 3C 定位法，避免遗漏重要的客群。在分析时，你可以使用 3C 九宫格模型来帮助厘清思路。

研究重要的用户时，要从忠诚度和消费价值两个维度共同评估，不能认为只要多次购买过品牌的产品就是最好的用户。评估用户是否忠诚的指标同用户的购买行为无关，只看用户是否有过真诚的推荐行为。这是一个很容易被忽略的重要指标。

用户研究值得每一个企业认真学习和投入。它也是最容易得到反馈的。

第五章

借势，花小钱办大事

无论是营销咨询还是商业咨询，归根到底其实都是帮助企业寻找一种规律。这种规律可能是某种模式、某种相关性、某种规则或法则。

这些规律隐藏在海量的信息和数据里，正是它们控制了我们所见事物的样子，也正是它们决定了企业的商业之路是否顺遂。

为什么有的企业可以轻轻松松在市场中站稳脚跟，顺顺利利被用户喜欢和忠诚拥护，而有的企业却无比艰难和辛苦？如果我们能够事先了解这些重要又关键的底层逻辑，就可以真正做到做"正确的事"，而不只是用"正确"的态度做事。

第一节　顺势而为：今天，你做视频号了吗？

一、流水的用户，流水的传播阵地

入行多年以来，我经历过多个传播时代，这里的"时代"是按照主流传播平台划分的。

最早的时候，是传统媒体的天下。企业如果想要扩大影响力，只要跟头部的电视台和平面媒体保持良好的关系，做做新闻发布会，发发新闻稿就可以了。"保持良好的媒体关系"是评估企业的公关宣传部非常重要的指标。

互联网时代到来之后，格局很快就发生了变化。先是网络媒体不断发展壮大。借助互联网的优势，这类媒体的节奏更快、影响力也更宽广。同时，很多做博客的自媒体人开始崭露头角。从这个时候起，企业做传播时，也逐步开始借助这些自媒体人的渠道发声，传播上有了更多的选择。

然后，微博和微信的雄起、视频行业的快速发展蜂拥而至……在纷繁多变的传播环境下，作为从业者，最明显的感受就是：公司每一两年就会出现新的营销业务线。

"我刚进公司的时候，主要还是帮企业运营微博和微信平台，之后很多人被分配去做今日头条的内容传播。后面又是小红书、哔哩哔哩、抖音、快手、微信视频号等。总要去学新的知识，节奏实在太快了！"这是很多新媒体营销人的共同感受。

在以前，营销人员面对的局面是"流水的用户，铁打的传播阵地"。以三年为一个代际，每一代的用户会有不同的特点和变化，但传播阵地往往就是固定合作的一些电视台、报纸、杂志等。现在的局面却是"流水的用户，流水的传播阵地"。只有变化本身是不变的，其他的全都在变。

尤其是这几年，随着短视频、直播行业的兴起，整个传播营销行业又发生了一轮新的洗牌，甚至改变了营销行业的一些底层逻辑。

这其中，我很大的一个感受是：不能路径依赖。

我们很容易因熟悉某个领域或者某个操作方式，就反复做，甚至内心会有一种笃定：我擅长的这种方式是最好的，它的优点有一二三四……

比如短视频这种形式。最早兴起的时候，用户年龄层很低。有的平台走的是"农村包围城市"的路数。这让很多企业主有一种直观的感觉：这类平台就是给十几岁的孩子平时娱乐用的。短视频用户跟我的目标用户群体不一致，企业没必要去做这个。

他们会觉得，以图文形式为主的微信公众号，文章又专业，平台用户又多，自己靠这类的渠道累积了不少用户，这才是最主流的。甚至有一点"看不上"短视频平台的意思。

但是，从2016年开始，短视频行业一路高歌猛进，势不可当。用户规模从2016年的1.9亿一路飙升到2021年的接近11亿（见图5-1）。中国网络短视频市场规模也呈现几何式增长态势（见图5-2）。中国互联网络信息中心（CNNIC）第50次《中国互联网络发展状况统计报告》显示，截至2022年6月，中国互联网普及率达74.4%。其中，短视频的用户增长规模依然最为明显，达9.62亿，较2021年12月增长2805万，占网民整体的91.5%。

2016—2021年中国网络短视频用户规模统计

图5-1　2016—2021年中国网络短视频用户规模统计

图数据来源：CNNIC、中商产业研究院

2016—2021年中国网络短视频市场规模统计

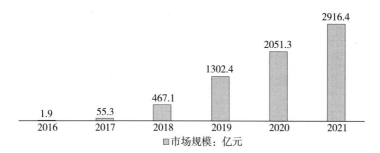

图 5-2　2016-2021 年中国网络短视频市场规模统计

图数据来源：中国网络视听节目服务协会、中商产业研究院

短视频这种形式，可以让用户最大化地利用碎片化时间，激发新鲜感和探索欲，并且内容源自生活，十分接地气。更不要提背后还有强大的算法逻辑支持，可以通过学习用户的喜好来定向推送内容。

相对于图文来说，短视频不仅展现了时代科技，而且其传递的信息更直观、更全面，感受也更真实，更加适合当前用户快节奏的生活方式。

但是，一些企业并没有意识到自己应该抓住短视频行业发展的红利期，而是用自己的经验和感受去判断。

"我周围没有人看短视频。"

"短视频只有小孩才喜欢看。"

"我们传统企业没必要做短视频。"

…………

他们被上述这些思维禁锢，被自己的小环境和直觉禁锢，也并没有从客观数据的角度去进一步了解这一领域，从而错失了很好的宣传窗口期。

另外，相信短视频也并不是主流媒体的终极形式，未来一定还会出现新的形式。顺应时代，不要路径依赖是关键。

二、短视频，算法优先背后的巨大机会

短视频的雄起跟国内数据环境的发展有直接的关系。以前的网络媒体时代，主页推荐什么内容，推荐多长时间，给多少流量来推等，都是由编辑来判断的。内容好不好看，受到很多主观因素的影响，网站运营也需要大量的人工成本。

但短视频是算法①推荐的，后台有一系列清晰的算法标准：满足哪些条件，就会给予多少的流量支持，再满足哪些条件，就再给予相应流量支持。也就是说，如果你可以想办法搞清楚平台推荐内容的算法，就等于掌握了快速获得巨大曝光的窍门，并且成本很可控。

以微博平台为例，企业如果想要获得高曝光，可以选择向平台购买话题热搜榜上的广告位。不同的广告位明码标价，企业花钱买流量。

在短视频平台当然也可以花钱买流量。但是对于费用有限的企业来说，只要内容好，懂得算法规则，快速走红也不是梦。就算是商业化已经非常成熟的抖音平台、快手平台，也在很多主题垂类上有很好的机会。微信的短视频平台在 2021 年厚积薄发，对于很多企业来说更是不可多得的发展机会。

---

① 算法（Algorithm）是指解题方案的准确而完整的描述，是一系列解决问题的清晰指令，算法代表着用系统的方法描述解决问题的策略机制。也就是说，能够对一定规范的输入，在有限时间内获得所要求的输出。

我曾通过短视频帮助了一家线下的蒙特梭利①幼儿园"起死回生"。

2020 年的新冠疫情，给很多行业带来了巨大的影响。北京市海淀区的蒙特梭利幼儿园由于受到疫情影响，幼儿园的经营受到了非常大的打击。就算是后来居家隔离政策逐步放开，幼儿园也由于之前的影响，资金链出现了严重的问题。

从产品上来看，这家幼儿园环境优美、理念先进、师资力量雄厚，历年的毕业生满意度都非常高。而且，2021 年国内的教育行业大洗牌，"双减"② 政策的实施，素质教育的提倡更是令他们本应有更大的舞台。

他们唯一的问题就是卡在知名度和影响力上。由于产品过硬，之前一直是靠口碑传播的，可以说没有做过任何的营销推广。但是闭园期结束之后，资金的压力及由于疫情造成的学生断档，使他们没有办法徐徐图之，必须快速让更多的家长看到和了解他们。

---

① 蒙特梭利：玛利娅·蒙特梭利（意大利语：Maria Montessori，1870 年 8 月 31 日—1952 年 5 月 6 日），意大利幼儿教育家，意大利第一位女医生，意大利第一位女医学博士，女权主义者，蒙台梭利教育法的创始人。她的教育方法源自其在于儿童工作过程中，所观察到的儿童自发性学习行为总结而成。倡导学校应为儿童设计量身定做的专属环境，并提出了吸收性心智、敏感期等概念。

② 双减：在我国教育领域中是指要有效减轻义务教育阶段学生过重作业负担和校外培训负担。2021 年 7 月 24 日，中共中央办公厅、国务院办公厅印发《关于进一步减轻义务教育阶段学生作业负担和校外培训负担的意见》。2021 年 10 月，全国人大表示：双减拟明确入法，避免加重义务教育阶段学生负担。11 月 3 日，市场监管总局等八部门发布《关于做好校外培训广告管控的通知》。坚决杜绝地铁、公交站台等所属广告牌、广告位刊发校外培训广告。

厘清这个问题后，我帮这个企业做了短视频账号的内容定位，发现在幼儿教育的短视频领域，当时非常缺乏好的内容账号，而用户的天然需求又很多，因为很多用户都会在短视频平台搜索相关的关键词。

于是，他们在抖音、小红书和微信上同时开通了账号。制订了每天更新的内容计划，并且根据不同平台的算法规律来灵活调整每天的内容呈现。在没有花一分钱推广费用的情况下，两周之后，他们的视频号就由于后台出色的数据表现，被微信视频号的教育类官方作者扶持群的负责人发现，并开始定向扶持。不到一个月，幼儿园的知名度就有了巨大的突破。

搞清楚平台的数据算法，能对企业做短视频有多大帮助呢？从这个例子就可以看出来。一个名不见经传的企业，没有花一分钱推广费，在微信视频号众多的作者中，是如何这么快就被发现的？这家幼儿园的账号被平台注意到的时候，他们的视频号粉丝数甚至都不到 200 人。

这都是因为平台不是以"你有多少粉丝"而是以"你的内容做的质量好不好"为标准做筛选的。

以微信视频号平台为例，根据不完全统计，如果你发出的视频号内容有以下的表现，后台的机器就会自动识别，并给予不同量级的流量推荐：

- 内容被很多人完整看完而不是看到一半就关掉；
- 陌生人点赞多；
- 总有新陌生人点赞的账号；
- 更多人是看完了整个视频后再点赞，而不是上来就点，或者看到一半就点赞；

- 被转发到朋友圈或微信群的内容；
- 陌生人看后加关注多的内容。

…………

掌握这些原则，不但能帮助你快速获得流量，也能帮助你更好地提升内容的质量。之所以平台会设计这样的算法，都是为了保证好的内容不被埋没。

不同的短视频平台之间有很多相同的规则。比如，同热门事件相关的短视频会被推荐，用户热搜热议话题的高质量内容会被推荐。用户发布短视频的最佳时间段也是一致的，这是根据用户天然的阅读习惯形成的规律（见图 5-3）。

早上 6 点至 8 点	适合发一些新闻类、学习类的视频号内容
中午 12 点至 13 点	适合发一些娱乐类、八卦类的视频号内容
16 点至 18 点	适合发一些轻松、娱乐、开心的内容
19 点至 21 点	最佳学习或休闲时间，和各路大号竞争黄金时间段
22 点至凌晨 24 点	各种心理、情感、育儿亲子有关的内容会更容易抓住用户的注意力

图 5-3　发布短视频热门时间段建议

平台彼此之间由于各自的定位不同，也有一些不一样的规则。比如有的平台，需要新用户持续日更短视频超过 1 个月，才会有额外的流量扶持，此举是为了进一步验证作者本身做内容的态度和能力。有的平台会更喜欢推荐短视频封面上有真人出镜的内容，以及剪辑过硬、语速得当、有背景音乐的内容等。

这些规则是各个平台基于大量的内容分析和数据解读之后做出的统一规范。对于营销人员来说，在研究算法推荐规则上花精力是非常有意义的。这也是企业能不能享受到短视频行业的红利最关键的因素之一。

三、主流传播平台变迁背后的启示

如果说，互联网产品三年一个"代际"，用户三岁一个"代沟"，对于社交平台来说，也是一样，甚至可能都不到三年。当下是短视频时代，未来，一定还会出现新的平台，新的传播通路，就如同我们过往一直经历的这样。这些平台之间，有的可以互为补充，有的会是更新换代的关系。变化是必然发生的，而对于企业和营销人来说，只能被动地应对，不断被新事物拽着往前跑吗？

观察这些年主流传播平台的变迁，我认为，有以下三点启示：

1. 顺应规律，顺势而为

不要路径依赖，这一点很重要。就算在自己的领域很专业，也不要拒绝新事物。

小米的创始人雷军先生说过一句话："在风口上，猪也能飞。"说的就是顺势而为。开放地接纳新平台，哪怕一开始看不懂，不理解，也不要武断地下结论。只要一个新方式出现并成为某种现象，背后一定有它能被用户钟爱的原因。

如果自己不能理解，可以借助数据，看一看第三方公司的数据报告和文章。我想，前面提到的怀着"短视频只有小孩才喜欢看"这样想法的企业主，如果看过短视频行业的趋势报告，知道当下国内的短视频用户已经逼近整体网民数量了，他一定会重新审视这种内容形式。

2. 定位先行

无论主流的媒体平台发生了怎样的变化，优秀的营销内容背后，都一定有一个清晰的内容定位。

内容的定位依托于清晰的品牌定位。后者如同一个企业最核心的种子，包含着所有最重要的核心信息，如企业的特点、优势，跟其他竞争对手的区别、目标和使命愿景，为哪群人服务，业务的边界在哪里，等等。

有一个清晰的品牌定位，就如同在人群中有一种辨别度极高的面孔，可以让人一眼印象深刻。如果没有定位，就如同脸是模糊的，就算营销人员非常努力地产出了很多的内容，品牌也很难被人记住。

一个好的定位，也是指导内容的源头因素。

以前面谈到的蒙特梭利幼儿园的微信短视频账号为例。当时，幼儿教育类的账号在平台上非常少，但关心这个话题的家长很多。首先，这样的一个类型账号先天就占据了有利的局面。其次，幼儿园面对的是高知家庭，需要认同蒙特梭利的教育理念，并且非常关注宝宝的生命潜能，天性的解放和均衡地成长。所以，这个账号一直以来，关心的都是"如何通过幼儿教育帮助每一个儿童长成理想的样子""如何让孩子优秀地做自己"。

这样的定位就把它同很多普通幼儿园区分开来：蒙特梭利幼儿园是以人为本的，而不是只提供给家长一个看孩子、带孩子玩的环境。同时，也能够帮助营销人员准确地制订内容计划，厘清什么内容和风格适合他们发，什么内容不适合。

3. 尊重用户

还有一个不变的规律就是尊重用户。

营销人员固然需要站在企业的角度去展现产品，但也要站在用户的视角，去思考对方需要什么内容。对很多企业来说，目标用户群体是会发生变化的。比如，面对年轻人群体的麦当劳，面对的其实是"每一代年轻人"。也就是说，当"80后"正年轻时，目标用户是"80后"，现在"00后"正年轻了，目标用户就变成了"00后"。都是"正当年"的年轻人，但不同代际之间的差别可就大了。企业不能用对待"年轻的80后"的那一套方法和内容，去试图吸引"00后"。

也就是说，用户是流动变化的，主流的内容形式和营销平台也是流动变化的。但不变的是，企业需要同时站在产品的角度和用户的角度，去思考内容产出的方向。要尊重内容的真实效果，而不是自己脑海中的判断。

在这一节里，我虽然用短视频和你谈了谈顺势而为，但重点并不在于短视频本身，而在于顺势。新的社交平台和营销方式是一种"势"，行业环境和政策环境也同样是一种"势"。

2021年，国内教育行业伴随着"双减"政策的开展，出现了非常巨大的变革。新东方、好未来等很多老牌教育公司市值大幅蒸发。2021年1月1日—12月1日，新东方（港股）下跌88%，好未来（美股）下跌73.8%。但是，一些致力于让儿童和学生群体健康全面成长的机构和岗位却顺势发展得飞快。比如，蒙特梭利幼儿园、家庭教育服务结构、儿童教育心理机构等，都由于顺应了政策和时代的发展，快速获得了资本和用户的注意。仅从家庭教育服务机构数据来看，2021年家庭教育服务机构共有 132430 家，是 2020 年注册数的 5.81 倍。

这也同样是顺势而为。

第二节 "借势"营销：他山之石可以攻玉

借势这个词由来已久，也一直是品牌们在营销上想要努力做好的，是"花小钱办大事""搭顺风车"的意思。

物理学家牛顿说过："如果我能看得更远一点的话，是因为我站在巨人的肩膀上。"借势营销，就是站在巨人的肩膀上，用其他品牌或者热门话题的"他山之石"来获取目标用户的注意力这块"玉"，让品牌、产品走得更远。

比如，品牌们做营销要"跨界"，不再固守在自己的品类里，而是跟一些差异性很大的品牌合作，相互借势。比如，即时用车软件——Uber（优步）中国，明明提供的是用车服务，却同可口可乐、哈根达斯等品牌联合举办"Uber 冰淇淋日"活动，让用户可以像一键"叫车"一样地"一键叫冰淇淋"。电视台做节目也要"跨界"，跨界歌王、跨界喜剧王等节目收视率均不俗。就算是作为一名个体，大家也都纷纷追求"跨界"，不再满足单一的职业和身份的束缚，而是去选择能够拥有多重职业和身份的多元生活，争做斜杠青年①。

---

① 斜杠青年：斜杠青年源于英文 Slash，出自《纽约时报》专栏作家麦瑞克·阿尔伯撰写的书籍《双重职业》，指的是一群不再满足"专一职业"的生活方式，而选择拥有多重职业和身份的多元生活的人群。这些人在自我介绍中会用斜杠来区分，例如，张三，记者/演员/摄影师，"斜杠"便成了他们的代名词。

大家之所以追求跨界、重视跨界，是因为跨界可以达到资源上的多元协同效应。对品牌来说，成功的跨界营销可以帮助企业突破其传统的营销边界，加深用户对品牌的认知和忠诚度、相互借势，取得"1＋1＞2"的效果。

从效率的角度出发，如何更"聪明"地进行借势呢？

接下来，咱们看一下跨界合作和热门话题借势这两个主要的应用场景。

一、数据与"品牌跨界合作"

品牌之间跨界合作的最大难点，在于找到正确的合作品牌。这里讨巧的做法，是看两个关键要素。

（1）判断是否是同类竞品，不是同类竞品更容易合作；

（2）判断各自品牌现有用户的重叠度，重叠度越高合作效果越好。

同类的竞争对手之间，一般不会营销合作，就算合作，也不能说是跨界，因为大家在同一"界"里。

这个界指的其实是用户，也就是目标消费人群。竞争对手之间争抢的是同一群人，并且用户的购买又往往是"排他"的，买了竞争对手的产品，就不能再买我的产品了，游戏规则是你争我夺，很难谈上合作，更不要提借势了。

但是，如果不是同类竞品，目标消费人群的重叠度却很高呢？

这就很妙。

这样的两个品牌，面对的都是同一群人，用户的购买也不是"排他"的，买了你的产品也可以同时再买我的产品。打包捆绑推广，还能令人更加印象深刻，双赢就这么产生了。

如果把目标消费人群比作领地，这背后的逻辑就更清楚了。

在自然界，很多生物都有领地意识，比如，有的动物会用尿液的气味来圈定自己的领地，提醒其他同类：这个地方是"有主的"。狮群在圈定领地之后，狮王还会一直在领地内游走巡逻，确保没有外来入侵。但是，只有相同物种之间才存在领地之争，跨物种之间就不存在。比如，在某一狮群的领地范围内，其他物种，蚂蚁、鸟类、花草等，依然可以生存得很好。大家共同构成了一个生态系统，彼此之间非常和谐。

这其中的关键是，大家身处同一领地，却不是竞争关系。

比如，优步中国同可口可乐、哈根达斯等品牌联办的"Uber 冰淇淋日"活动就是这样，这些品牌面对的目标人群重叠度很高，彼此之间又不存在竞争关系。通过这样一个营销活动，大家的品牌影响力相互加强，效果更好。

接下来，就有两个问题：

（1）怎样看到两个企业之间的用户重叠度呢？

（2）如果没有目标合作的跨界品牌，如何通过用户重叠度来找到合适的合作伙伴呢？

现在很多社交平台都会给第三方数据公司开放脱敏的用户数据，如果企业有预算，可以找一家数据公司来合作，匹配两个品牌社交账号背后用户的重叠度。提醒一下，这里的重叠度不是指"共同好友"，而是指两个品牌的目标用户群体的元数据处在同一个区间。

例如，你的品牌用户主要集中在一线城市，是 25 ~ 30 岁的高学历年轻男性。那么就要看一下你想合作的那家企业的用户是不是也是这样的构成。他们的用户里符合一线城市、25～30岁的高学历年轻男性条件的多不多，占比有多少。

聪明的你可能意识到了，假如你是一家新品牌，现有用户并不多，你也可以按照理想目标用户的构成，来选择"拥有你理想用户构成"的企业合作。

这也是刚提到的第二个问题。有的时候，企业并没有目标合作企业，要怎么找呢？

用一个我以前操作过的案例帮助你理解。

我们团队曾以很小的投入，帮助客户大大提高了品牌的成长速度。

当时，我们帮某科技品牌运维一个社交账号——@科技新极客（化名）。这是一个新开的账号，主要的目标人群是中国地区的极客①年轻人，当时面临的状况是：

（1）营销费用很紧张；

（2）极客年轻人在国内虽然人数并不少，但是占整个人口的比例非常低。而且分散在各行各业，难以获取，更

---

① 极客：极客是美国俚语"geek"的音译。随着互联网文化的兴起，这个词含有智力超群和努力的语意，又被用于形容对计算机和网络技术有狂热兴趣并投入大量时间钻研的人。和工作中必须使用电脑的人不同，Geek 需要把他们的休闲时间也在电脑中度过，Geek 可能是电脑高手也可能不是电脑高手，不过大部分都对电脑有莫大的偏爱，他们可能会对一切新鲜事物感兴趣。Geek 是那些依靠计算机技术结合成的社会性人群，他们把大量社交时间花费在电脑网络上，Geek 的娱乐是每天到处寻找新奇的东西，如各种软件、书籍、MP3、电影之类的，他们在各种 BBS 里发表代表个人观点的帖子，有些高级 Geek 则以编写共享软件为乐事。

难影响；

（3）账号是刚开通的，粉丝数只有几百个，影响力很差。

在这样的局面下，我们希望能够帮助这个账号快速成长，迅速吸引极客或者是极客兴趣人群。于是，我们做了以下五件事：

第一件事，我们抓取了平台账号名称里包含"极客"、账号的目标人群是极客、具备一定影响力的非竞品账号。

可惜在当时，专门针对极客人群的账号十分少，具备一定影响力的更少。用数据筛选过一遍后，发现能够选出的账号寥寥无几。这一尝试并没有取得什么效果。

第二件事，用数据抓取了在该社交平台上给自己标注"极客"标签的人。把这些账号同第一步找的账号放在一起，把所有这些账号的关注列表数据取出，即这些账号在平台上关注了哪些账号。

这么一来账号可就多了，几乎每个账号都关注了上百个账号。里面有一些账号反复出现。于是，我们就把这些关注账号放在一起，进行了重叠度的筛选和排序，找到了这些账号共同关注账号的Top100，并且把这些热门账号按类别进行了分类。

这看起来好像有点麻烦，但是数据运行是很简单，也很快的。

从结果看，重叠度高的账号可谓五花八门，既有国外黑科技的品牌，也有国内的小众原创品牌，还有媒体账号、明星账号……但毋庸置疑，这些账号，就是极客/极客兴趣人群关注度最高的账号。反过来说，通过这些账号，能够高效地影响到极客/极客兴趣人群。

第三件事，在共同关注的热门账号列表里，我们去掉了同@科技新极客背后的品牌在同一个品类里的竞品账号。剩下的那些，就是我们可以去谈跨界合作的品牌账号了。这些账号天然被极客人群关注，但又不是竞品。

第四件事，数据排序之后，我们从中找到了几个影响力最大的账号，并最终挑选了@环球科学杂志社来合作。这个账号是《科学美国人》（*American Science*）杂志在中国的社交账号。《科学美国人》是一本享誉国内外的著名科普类杂志，也是极客最爱看的杂志之一。

第五件事，@环球科学杂志社当时的粉丝数大约 20 万人，并且粉丝质量和活跃度都非常高。反观当时@科技新极客只有区区几百个粉丝的体量，可谓"庞然大物"了。但正因为是跨品类的品牌，双方并不存在竞争关系，我们前去谈合作十分顺利。最后，双方采用了一个粉丝双关注并且转发抽奖的方式。这种方式现在看已经非常常规，但是在当时，抽奖还没有那么多，又是两个"看起来既不是同类又很合拍的品牌"做的活动，大家的参与热情很高。

这个为期 3 天的活动，单条内容的曝光量近 100 万，互动量高达 1800 万次，更是为@科技新极客带来了 1 万人左右的高质量粉丝。这在当时那个年代，是个非常亮眼的成绩。

如果用传统营销内容推广的方式来吸引用户，会需要很长的时间。主流社交平台每天的信息量非常大，并不是内容质量高就能立刻被目标人群看到。但使用这种方法，只要账号的调性和品质合适，就可以快速在目标受众面前曝光，还可以得到合作品牌的潜在背书，不能不说是一种"捷径"了。

回顾这个案例，我们做的事情并不难：

第一，找到目标人群的典型样本；

第二，找到样本共同关注的高重叠品牌列表；

第三，从列表中去掉竞争对手品牌；

第四，从剩下的品牌中找影响力大的；

第五，谈合作。

用这种方式，你能获得多个领域的跨界品牌名称，并且这些品牌背后是高重叠度的目标受众，是非常合适的跨界合作品牌。

网络上曾火过以"某某的一天"为主题的内容，其实背后的逻辑就是跨界合作。这个内容是用堆砌品牌 logo 的方式展示某一个类型人群的一天，类似下图这样（见图 5-4）。

这里展示的是一个典型的在一线城市生活的女高管的一天。在她一天的不同时间段里，出现了很多品牌的名字，涵盖了洗浴、美妆、饮食、出行、阅读、运动等多个生活中的常见诉求。这些不同类型的品牌背后，代表的是这一类人的典型的生活方式和消费方式。这些品牌相互之间并非竞争关系，却可以很好地跨界合作。

二、数据与热门话题借势

与品牌的跨界合作不同，企业在选择营销话题时跨界，似乎是个自己的事儿，与他人无关。为了借势热门话题，同时展现品牌的特质，越来越多的品牌走出了自身品类的"一亩三分

图5-4　一个女高管的一天（示例）

　好主意不是好营销　用好数据，卖货给力

地"，热闹地参与进很多看似与己无关的话题中。

借势一词，在百度百科上的定义是：企业及时地抓住广受关注的社会新闻、事件以及人物的效应等，结合企业或产品在传播上欲达到之目的而展开的一系列相关活动。

借势在营销领域非常火，一些名不见经传的企业，因为某一次成功的借势，用很低的成本迅速为人所熟知。正是因为看到了这些成功，有人会误以为借势很容易，只要借势就可以低成本做营销。

其实，借势并不是为了不花钱、占便宜，而是为了提高营销效率。

我们可以通过分析数据帮助企业找到合适的热门话题。所谓的合适，其一，是品牌的调性同话题吻合或有借势的机会；其二，是品牌的目标用户人群对该话题天然关注。

企业可以通过研究目标用户，了解大家感兴趣的话题类型，然后针对性地对这类话题进行热度实时监控和提醒，再选择合适的话题进行内容制作。

最关键的，是要适合品牌的调性。举一个例子。

每年全国高考的日子都很受全国人民的关注。于是，方太同温烤箱做出了一版"烤得好"的谐音梗海报（见图5-5）。不管是品牌的目标受众人群，还是广大的吃瓜群众，看到这一版海报都会会心一笑，并留下印象。

寻找合适的借势话题，主要关键点有以下几个：

第一，挖掘目标人群的话题类型偏好；

第二，根据话题类型偏好，监测相关的社会热门话题；

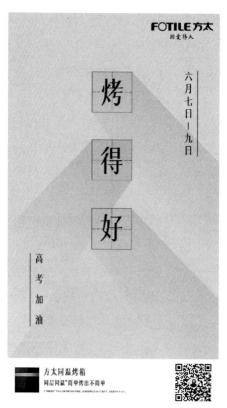

图 5–5　方太高考海报

第三，结合品牌/产品特点及热门话题的内容，进行内容创作和推广。

其实，无论是品牌的跨界合作，还是跨界内容的借势，最核心的部分，依然是对于目标人群的准确挖掘和理解。

最后，针对热门事件的借势，网络上有一些好用又免费的小工具，实时呈现不同社交平台上的热门话题，比如微信小程序里有一个叫作"知微舆论场"的免费工具，就可以呈现六七个热门平台的话题。你完全可以通过这些工具，科学判断不同的事件适不适合借势，如何借势，等等。

第三节　借势明星，如何花对钱？

很多企业都喜欢用明星为品牌或产品代言，或者赞助某个节目，植入某个电视剧或电影。这都是一种借势，借助后者影响力的势，来影响用户。好的代言赞助可以提升品牌形象及影响力、带动产品销量。

20世纪，日本营销史上有一个经典案例，出自日本东京的著名化妆品品牌嘉娜宝（KANEBO）。1996年，KANEBO开业界先河，为其旗下的女性化妆品 TESTIMO Ⅱ 口红选择了一名男性代言人——木村拓哉。这是营销业内第一次由男性来代言女性化妆品（见图5-6）。这个做法十分轰动，营销效果也很惊人。嘉娜宝公司当时的宣传部负责人说："在化妆品界，一支口红一年只要能卖出50万支就是畅销的了，但启用了木村拓哉担任代言人之后，短短2个月就卖出了300万支。"

更加夸张的是，广告播出后，贴在街边的海报连续失窃。最终，嘉娜宝公司的这一版海报的印刷数量比以往正常情况增加了10倍之多。

但是，失败的代言赞助也很多。以明星代言为例，有的石沉大海，钱花得悄无声息，有的被用户大肆吐槽。还有的企业，前脚刚刚签约了明星，后脚明星就被爆出丑闻，被拉入劣迹艺人黑名单。巨额的代言费用不但无法提升企业影响力，还有可能收获反面效果，得额外掏费用做危机公关。

要如何科学地选代言人呢？

图 5-6　日本明星木村拓哉代言 KANEBO 的
T'ESTIMO Ⅱ口红的海报

一、奇怪代言逻辑大揭秘

代言人的选择是一个需要认真分析的系统工程，市场上有很多失败的代言。有的代言人是拍脑门选的，效果不好很好理解。也有的企业认真选了代言人，效果依然不好。

1. 广告很正常，却被用户恶搞

之前，国内一款牛奶品牌找了明星夫妇任静和付笛生做代言。该牛奶品牌的主打人群是三线城市的用户。调研结果显示，用户的匹配度很高。而且，这一对明星虽然低调，但在国内市场的知名度高，出道几十年以来也没有什么负面报道。

但没有想到的是，代言广告一经投入市场，就引发了一场风波。有一些搞怪的网友把他们曾经代言的一款女性卫生产品的商标直接 PS 到了该牛奶盒子上，并且发到网络上，引发了大家的热议和散播：

媒体在这次事件发生后，还特地采访了当事人和网友，聊这一次的 PS 事件。有的网友说："每次喝这个牛奶的时候，都感觉怪怪的。因为常常会想起他们代言的另一个卫生产品的广告……"，也有喝了这款牛奶的网友看到图之后表示"很受伤"。

但更受伤的一定是广告商。为什么本来好好的一个代言会有这样的风波呢？

因为这两位明星对于用户来说，最直接的印象，一个是他们的歌曲《知心爱人》，另一个就是女性卫生产品的广告了。用户看到两位代言人很容易进行联想，如果是同家居类的品牌合作，可能完全不会出这样的事故，问题就出在这是食品。

品牌在选择代言时，尽量避免与有可能为自己带来潜在风险的人或内容合作。这一点是需要在选择合作之前，做好数据分析的。

2. 奇怪的代言选择逻辑

为了选好代言人，让我们先看一看有问题的代言逻辑。绕过错误答案，剩下的就是正确的了。

总结一下一些企业挑选和使用代言人的共性，会发现有这么几个偏好：

- 盲目追求头部明星/IP；
- 以"形似""神似""我认识"等非商业化标准选择明星/IP；

- 对合作的潜在风险评估不到位；

- 签约后不知如何调动明星影响力，仅收割了短期
利益；

- 缺乏科学的标准对效果进行评估……

挑选最红的明星或者 IP 是一种图省事的做法，也导致了市场上头部明星及资源常遭受非理性争抢。这也是为什么明星的价格常常水涨船高。对企业来说，大家内心的想法是："这样选明星效果一定不会太差，找最红的明星符合企业的身份。最红的明星覆盖的粉丝人数多，这么多人里总有不少是自己的目标受众吧。"

但是，高投入未必有高回报，用户知道这位明星和愿意购买产品是两回事。企业的目标受众人群对该明星的态度如何，以及明星本身的特质和品牌的调性是否吻合，均并不可知。

就算是在直播间找明星带货，费用要比代言少很多，也常会出现明星"翻车"的现象。

2019 年被称为"直播带货"元年。2020 年，直播带货越来越主流化，直播用户增长到了 5.24 亿。柳岩、王祖蓝、李湘、关晓彤、汪涵、朱丹、刘涛、陈赫、叶一茜、小沈阳、杨坤……试水直播带货的明星很快突破了百人大军。不少明星甚至将直播当作副业，陈赫签约了抖音直播，刘涛担任了淘宝聚划算"百亿补贴"代言人……

不是巨大金额的代言合同，只需要付几万元到几十万元的坑位费，企业就可以近距离感受一把明星效应。明星在直播间直接向用户及粉丝售卖产品，销量数据立刻可见。看起来是很值。

但常常"理想很丰满，现实很骨感"。的确有公司赚得盆满钵满，但也不乏血本无归，甚至诉诸公堂的。

"花 80 万元坑位费请了某明星，结果直播卖了 5 分钟，一件商品都没有卖出去！"

"请了某笑星直播卖酒，卖了半天，才卖出去 20 多瓶，过几天又退货了 16 瓶！"

…………

企业的营销费用总是有限的，直播的费用同样如此，明星代言动辄几百万元甚至更高，并非一笔小数目。其实，企业为了影响目标用户，有的时候选一些虽然不是最红，但很适合的明星代言，不但营销费用能够大大缩减，效果还有可能会更好。

以"形似""神似""我认识"等非商业化标准选择明星/IP 就更好笑了。有一次某品牌给旗下一款轻薄的笔记本电脑找代言人，找了一个身材非常瘦的舞者，因为形似。还有一个做小零食的品牌，说想要找刘亦菲做代言人。我问对方为什么。对方回答说：因为这款零食的名字里带一个"菲"字。

…………

这点关联可能除企业自己知道外，没有任何用户能联想到。效果怎么能好呢？大家只会觉得莫名其妙。

还有的企业更任性。领导私人关系认识了某个明星，交情不错。在选代言人的时候就干脆这么选择了。他们内心会觉得，选择认识的明星比较知根知底，日常合作起来配合度也比较高，而且还可以得到一个比"外人"更实惠的价钱，所以真是十分超值。

更有甚者，会因为自己钟爱某个明星，于是干脆大手笔签下对方。虽然也有为自己品牌着想的看法，但更多的还是为了支持自己喜爱的明星。为此，不断地投入营销费用到电视、地铁、街边等地，至于营销费用的投入产出比，市场投放部门的人也只是随便算一算，走个过场罢了。

这样选出来的明星，对于品牌的意义，真的跟随机掷骰子差不多。

此外，任何合作都存在风险，与明星合作也是一样，需要企业提前做好风险管理。2021年，一些当红明星因为税务、性丑闻等事件纷纷"塌房"。出事后，正在与这些明星合作的企业立刻连夜发出声明。但就算如此，损失也已经造成。因此，在为企业选代言人的时候，需要提前了解对方的工作态度、行业口碑、媒体口碑、历史代言成绩等，也同时要了解在网民眼中明星的形象。这一点通过线上声量的舆论分析就可以做到（见图5-7）。

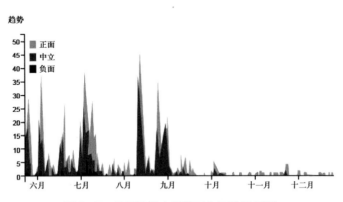

图5-7　某明星线上舆情正负面分析示例

数据来源：国双科技

如图5-7所示，通过分析明星在网络上被用户提及时的语义，也就是分析用户讨论时的正面、中性、负面态度，可以看到整体的口碑情况，也能进一步就数据链比较大的负面信息做深入分析，帮助企业判断合作的风险。

签约之后没有很好地调动明星影响力，仅收割了短期利益的情况也很常见。

明星代言很常见的一种合作方式叫作"3＋2"策略，是指代言内容包括三项：拍广告片、出席新闻发布会、拍摄平面广告，有的还会替换或增加在部分热门社交平台发布内容。代言合同一般是两年一签，故此叫作"3＋2"。无论是跟谁签，无论费用多寡，无论明星的粉丝群体有多么不同，一些企业都是这几板斧，说是重视合作，却把明星当工具用。不去考虑明星身上的个性、爱好、经历等有哪些可以与品牌精神结合，做深入的合作，也不去考虑明星的粉丝群体之间的不同，把所有的粉丝都当成大白菜，生硬地把明星和商品摆在一起。

这种没有灵魂的合作很难掀起水花。

3. 缺乏科学的评估

一个有趣的怪现象是：一些企业在面对普通的营销活动时，很在意 KPI，言必谈数据。一个直播做完，当天就要看数据，看新增用户数，看销量，看评论……但是，动辄几百万元的代言费用投出去，却好像忘记了 KPI 这件事。

公开一次私下谈话，有一次我同一个市场人员聊起他们刚刚做完的代言项目。

"KPI 完成得咋样？"我问。

"哪有什么 KPI，汇报的时候就是查一下这个明星当前的全网声量，然后报上去了。"其工作人员说。

"但全网声量里有很多是和你们这次合作完全无关的啊。比如很多网友自发讨论明星作品等。没有你们的合作这些声量也都在的啊。"我很疑惑。

"是啊，但我们也不知道这些声量里面有多少是属于这次合作产生的，只好选一个最大的数字了。"他很痛苦地说。

这种情况的出现源于没有提前定好代言目标和评估方案，在过程中也没有做好数据跟踪，导致结束之后无法判断真实效果。

二、这五类需求适合找明星代言

思考代言策略的时候，要厘清三个层面的问题：

（1）主要的商业诉求是什么？

（2）希望影响哪一群人？

（3）如何影响他们？

第一个问题关于代言的目的和意义，第二个问题是关于目标用户，第三个问题同明星的合作方式、合作内容，以及营销内容、活动的推广渠道等有关。

最重要的是第一个问题。不是所有的商业诉求都适合代言赞助这种形式。品牌或产品代言人对于企业的意义究竟在哪里？什么时候企业应该用明星代言？要提前想清楚。不得不说，有的企业怀抱着攀比的想法，认为"竞争对手选了港姐，我就应该选亚姐"，把代言当成一种门面。也有的企业过于急功近利，如果看到代言后产品销量没有快速增长，就坐立难安。

对于品牌来说，有以下五种需求或目标时，找代言人是比较合理的（见图 5-8）：

图 5-8　代言人选择商业诉求匹配

1. 提升品牌知名度

品牌需要提升知名度的时候，是可以通过代言人来借势的。这个时候企业可以此提升影响力，并在目标消费人群中建立正确的形象。

明星代言虽然贵，但好的明星影响力非常大。他们如同一个巨大又通畅的传播通路，可以快速将品牌信息传递到用户的面前。如果受众匹配度合适，费用即使高，单位受众的平均开销并不冤。用户会因为喜爱这个明星而记住品牌。

但要注意的是，企业一定要确保目标用户群体同明星粉丝之间的重叠度是高的。

2. 提升产品销量

促进销售是很普遍的一个商业诉求。像百事可乐、雪碧等品牌，你总能看到他们签下最红的明星，甚至是明星群。它们的广告到处都是，频繁地在你面前刷着存在感，想忘掉都难。此举当然有塑造品牌个性的成分在，更重要的是为了卖货。

值得注意的是，比起耐用消费类品牌，快消类品牌更喜欢投入大把资金请明星做代言，或赞助各个最热的综艺节目、电影、电视剧。为什么会这样呢？比起耐用类消费品，快消类产品的单品利润很低，如一袋蒙牛牛奶，总价才几块钱，却花费巨资赞助国内最贵的真人秀节目。这些企业不会亏吗？

当然不会。

由于快消品的价格低廉，用户在购买时并不会如耐用消费品一样慎重地对比和选择，往往对哪个品牌有印象就会选择购买相应的产品。例如，用户买水时，不会去对比营养成分、水源地等，他们会挑选一个自己知道的品牌。因此，对于快消品来说，知名度同销量是正相关的。

同时，由于快消品覆盖的人群更广，选择最当红的、粉丝数量最大的明星为其代言，企业最划算。因为明星的价钱和他们的粉丝数量也是正相关的。

不过，提醒一下。我这里说的是，快消品需要流量明星来帮助卖货。但不意味着所有知名度高的明星都适合带货，企业依然需要好好分析选择。

明星的知名度高不等于"带货能力"也强。明星带货是要分类型的，有的能带，有的就不行。这同明星本人的形象特点和商业变现能力有关。有的演员虽然演过很多成功的角色，但是大家看到他的时候，并不会想到去购买他用过的产品。有的明星则不然，从数据上看，杨幂就是一个非常出色的"带货小能手"，她在热播剧里用过的物品，在机场的美照，常能迅速在淘宝引发用户的搜索和购买热情。当你在淘宝平台搜索"杨幂"，也能看到很多诸如"杨幂同款毛衣""杨幂同款外套"这样的热销产品。

3. 开拓新的品类/产品

当企业在战略转型时，如开辟了新的产品线或新的品类产品，需要针对全新的人群进行营销。通过选择合适的明星代言，可以迅速影响到这一群企业不熟悉的用户。

2003年，中国移动推出了新的产品——主打年轻人的动感地带（M－Zone），就为这款产品选择了正当红，并且粉丝十分年轻化的周杰伦代言。双方第一年的签约费仅为300万元，合作相当成功。短短15个月之后，动感地带就俘获了2000万用户。虽然与动感地带同时签约的代言人还有潘玮柏和SHE，"我的地盘，听我的"这一个广告语却如同为周杰伦量身定做一般。这句广告语直指当时年轻消费群体的内心，追求自我、叛逆、个性的核心价值即是其品牌内涵，也是当时年轻人的精神追求，更是周杰伦给大家的印象——不甘平庸、追求个性。

这个合作不但令动感地带迅速成功地塑造了个性，收获大量用户，周杰伦也收益良多。他靠着中国移动超强的营销推广力度做足了宣传，为接下来的一系列商演活动揽足了人气，可谓一次成功的双赢合作。

4. 拓展新的地域版图

另一种情况是企业需要拓展业务的地域版图，如进军某区域市场，或者开拓海外市场。签下一名在目标市场有高影响力的明星，可以帮助企业品牌迅速落地，俘获外国目标人群好感的同时，也能给国内的用户展现自身国际化的影响力。例如，2022年世界杯小组赛之前的9月，伊利签约足球运动员克里斯蒂亚诺·罗纳尔多（C罗）成为品牌代言人。

荣耀手机曾在2016年用10万英镑（约合人民币87万元）签下了球星大卫·贝克汉姆（David Beckham）的儿子布鲁克林·贝克汉姆（Brooklyn Beckham），就是为了开拓海外市场。当时，布鲁克林在社交媒体Instagram、Twitter上有接近800万粉丝，影响力也并不局限在英国。

同年，华为以600万欧元（约合人民币4474万元）签下阿根廷著名球星利昂内尔·梅西（Lionel Messi）作为代言人，以期通过梅西所在的西甲联赛，扩大品牌在欧洲市场的影响力。事实上在签约梅西之前，华为就已经尝试与欧洲几大足球俱乐部合作。据品牌调研机构IPSOS的数据显示，华为全球品牌知名度从2012年的25%上升到了2015年的76%，尤其在西班牙、意大利等足球氛围浓郁的国家，华为手机的市场份额都有大幅提升。

5. 品牌增加特质

增加特质这一诉求常常出现在品牌定位升级，或者新品牌进入市场想要快速在用户心中建立一个鲜明形象的时候。

先说定位升级，如品牌想要提升自身的调性，摆脱产品价格低、不够高级这一用户的固有印象。就可以通过与一位国际化的、有格调的明星合作，将明星身上的上述特征通过营销广告慢慢赋予品牌。当然了，产品品质肯定也是要跟上的。产品不好，再好的明星也救不了品牌，还会给明星带来麻烦，影响自己的口碑。

新品牌刚进入市场或者品牌识别度低，想要在用户心中建立一个鲜明形象的时候，也可以通过代言人实现。如果明星身上的部分特质同品牌特征吻合的话，企业可以事半功倍地令受众牢牢记住自己的品牌内涵。

瑞幸咖啡刚进入咖啡市场的时候，就凭借出色的代言人选择打了一场胜仗。当时，星巴克已经在市场上几乎处于垄断的地位，瑞幸作为一枚刚刚进入市场的新兵，虽然广告预算充裕，但没有选择与高流量的明星合作。而是从品牌本身的定位特征出发，选择了特质极其匹配的两位演员——汤唯和张震。

这两位并不是传统意义上的流量明星，但这依然是非常成功的代言。因为品牌很好的借了这两位明星身上的势：小资、白领、有品质、国际化的标签。这些标签在汤唯和张震身上特别突出。通过关联明星的气质形象和瑞幸的咖啡产品，企业成功地让用户感到：瑞幸也是一款小资的、白领的、有品位的大品牌（见图5-9）。

图5-9　瑞幸咖啡（luckin coffee）

这个清晰的形象定位让人能迅速地把瑞幸和市面上很多其他咖啡品牌区隔开。同时，品牌通过大面积的广告投放，补上了两位明星自身流量上的缺口。可以说，瑞幸咖啡通过这一次的代言活动，在当时星巴克几乎一家独大，而 Costa、太平洋等其他众多咖啡品牌又白热化竞争的局面下，非常漂亮地为自己打开了市场。

以上几种情况，虽然以明星代言为例，但也同样适合企业的赞助推广。你可以留意一下身边的品牌代言广告或赞助，判断一下品牌做这个投放的商业诉求。

明星代言和内容赞助，投入高、风险大。就算符合上述情况，如果你目前的资金实力有限，要动用到"老本"才能支付得起代言或赞助费，也请思考一下：一定要选择这么贵的推广方式吗？有没有平价的替代方式呢？比如，价格低、反馈快、过程更可控的热门社交流量平台的广告投放或者平台上 KOL（关键意见领袖）的投放。如抖音、快手、小红书上面有很多在自己的垂直类目里做得非常好的内容类 KOL，这些 KOL 虽然流量不像明星一样巨大，但是粉丝非常聚焦，从影响力、销售转化来说也是很优秀的。

三、如何选对明星？

搞清楚企业是否应该使用代言人后，就到了选择代言人的阶段。在预算范围之内，想要选择合适自己的明星，建议考虑三个层面的匹配度（见图 5 - 10）。

影响力 +　目标用户+　核心特质

Influence　　　　Target Audience　　　Core Character

图 5 - 10　企业与明星匹配度分析

1. 影响力匹配

企业选明星合作喜欢"向上寻找"。一流的企业要找一流或超一流的明星合作，对于彼此是双赢，这很好理解。成长型企业也喜欢找名气大的明星，为了"借势"。

但不是明星名气或者流量越大，合作的性价比越高。在影响力的匹配上，企业可以综合考虑流量和作品实力两个因素。

明星的类型有很多，有偶像派，有实力派，也有偶像实力派。就算是同一个明星，在其演艺生涯中也会伴随着个人的成长和作品的提升，公众形象发生变化。

既有实力又有颜值的一线明星自然号召力强，但价格也会非常高昂。对于绝大部分无法支付高额代言费用却又有需求的品牌来说，常会陷入两难局面：选偶像派明星，粉丝人数可能比较多，但是粉丝的稳定度令人担心。在新生偶像层出不穷的娱乐圈，粉丝有可能在其他新生代偶像出现后转投别人的阵营。而且，在热闹背后，偶像型明星对于品牌形象的提升有时也效果平平。选实力派明星，粉丝的稳定度比较高，对于品牌形象的提升也常有不错的表现，但是粉丝人数要少很多。

从代言效果出发，明星是偶像派或是实力派，对企业来说无所谓好坏，只有适合和不适合之分。

品牌的产品有耐用消费品，也有快速消费品。快消类的产品如瓶装饮料、口香糖等，用户使用频繁，但是单价低。大家在购买时往往不假思索，是快速决策。知道哪个品牌就买谁的产品，不会左思右想、多方比较。对于这类产品来说，品牌的知名度同用户购买力正相关。因此这类企业找流量明星很合适，如果其作品实力强当然更好，但只要口碑没问题，仅有流量高也可以合作。

但是售卖耐用消费品类的企业就不能这么选择。因为用户在购买这类产品的时候是谨慎的、理智的。大家在购买空调、汽车的时候，不会仅因为品牌有名，或者喜欢代言人就掏出腰包。这类企业更适合找作品质量高的实力派代言人，如果费用和其他条件允许，也可以升级为与偶像实力派合作。

因为流量明星的粉丝往往年龄层偏低，不论是从消费实力还是需求出发，均不是很多耐用消费品的目标人群。哪怕是电饭煲这种并不贵的耐用消费品，十几岁的少年也没有购买需求。而实力派明星的粉丝往往年龄跨度更大，很多粉丝是理性追星，对明星的偏爱背后有更深层次的原因，忠诚度也更高。虽然绝大部分用户也不会仅因为代言人就头脑一热刷卡买个车，但代言人会让有需求的用户愿意停下来，研究一下产品。大家会觉得"这是××代言的，那必有过人之处"。这就够了。接下来就要看产品本身是不是真的吸引人了。

如图5-11所示，我们可以用流量和作品实力这两个维度做一个四象限图。

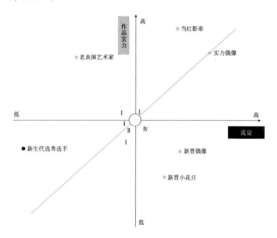

图5-11 明星影响力评估示例

第一象限是流量和实力双高的明星象限，这里是实力偶像、当红影帝影后等明星，既被用户喜爱又有优质作品。只要类型合适，他们可以同时驾驭耐用消费类和快速消费类的产品和品牌代言。缺点是费用会比较贵，有时企业还会被明星反向评估。

第二象限是实力派明星所在的象限，更适合代言调性合适的耐用消费品。代言价格不会很高，但是企业需要多出广告推广的费用。因为这类明星本身的流量不高，为了广告的影响力，企业就需要自己出广告费把这个缺口补上。当年瑞幸咖啡找张震和汤唯代言就是用的这个方法，通过铺天盖地的楼宇电梯广告，弥补了明星本身的流量问题。

第三象限是流量和作品实力比较弱的明星。例如，一些小节目的选秀选手、短视频红人、网络达人，等等。企业可以与之有一些短线的商业合作，如内容作品方面的合作，但不建议进行代言合作。优点是合作费用低。

第四象限是流量明星，相对更适合代言快速消费品，尤其是受众年纪比较小的快速消费品。流量明星常常很年轻，入行也不像实力派明星那么久，合作的不确定性较高，费用也不低。但合适的流量明星对产品销量的带动是明显的。

企业可以根据自身产品的特点和预算，来选择合适的类型明星。

2. 目标用户匹配

第二个需要去分析和匹配的维度是目标用户，企业可以通过数据分析，看一下明星的影响力人群是不是企业希望影响的目标人群。比如，一个高端香水品牌的目标用户群体是一线城市 30~40 岁的高收入高知女性。代言人的影响力人群就需要涵盖这一群目标用户。

解释一下，这里我为什么说"影响力人群"而不是"粉丝"。因为明星能影响到的不仅是自己的粉丝，还会影响到一些知道这位明星，甚至熟悉这位明星的"路人"。企业通过合适的营销行为，也是可以影响到后者的。

目标用户群体的匹配在选择合作明星的时候尤其重要，我举一个反面例子。

几年前，有着强大粉丝号召力的老牌 A 明星，又因为一档穿越剧的热播晋升为人气王。于是，一家汽车品牌就为旗下一款目标用户是"一线城市 80 后男性"的城市 SUV 选择了他当代言人。但奇怪的是，根据第三方监测机构的数据，这位明星代言产品的前后，该款车的销量并没有发生明显的变化，这笔代言费犹如打了水漂。

这位明星在 80 后中的知名度很高，不但一直拥有着强大的粉丝群体，而且多年来在影视领域勤勤恳恳，业内口碑一向非常好。而且，他的形象和城市 SUV 的男性硬朗的形象也很吻合，更不要提他有过不少成功的代言。另外，企业的投放渠道也没有问题。

那为什么效果这么差呢？

答案就是目标用户不匹配。这款 SUV，主要的目标人群是一线城市的 80 后男性。但是，从数据上看，A 明星的粉丝主要是 12~24 岁的女性（见图 5-12）。

因此，虽然这则广告花了很多投放费，就算他的粉丝都看到了广告，意义也不大。因为这群人并不是购车的主

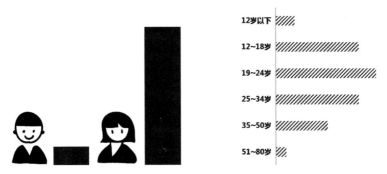

图5-12　A明星的影响力人群基础属性

力人群，她们中的很多人甚至还未出校门。一群目前还没有消费能力的人，就算看到了汽车的广告，也不会为企业带来销量。

3. 核心特质匹配

最后，要观察明星身上的关键特质与品牌希望通过代言获得的形象特质之间是不是匹配。

比如一个实力派明星一直以优雅、睿智的形象为人所喜爱，并且拍出过很多非常有深度的作品。那么当这位明星代言以知性为重要特质的品牌时，如某图书品牌，或者某西服品牌，说服力就会大大加强。

前面讲过的瑞幸咖啡刚进入市场的时候选择汤唯和张震做代言人，主要就是看中了两位明星身上小资、白领、有品质、国际化的特质。

著名品牌香奈儿（Chanel）的香水产品香奈儿5号（Chanel NO.5）曾经有过多任代言人，但最为人津津乐道的一次背书，还是发生在 20 世纪五六十年代，美国著名性感女明星玛丽莲·梦露（Marilyn Monroe）的一段话。

1960 年，法国《嘉人》杂志采访玛丽莲·梦露，发生了下面这段经典的对话：

——What do you wear to bed?（你睡觉时穿什么？）

—— Just a few drops of Chanel NO. 5.（我只穿香奈儿 5 号香水入睡。）

很多女士因为这位性感影星，蜂拥而至抢购价格不菲的香奈儿 5 号香水。但并不是所有的购买者都是玛丽莲·梦露的粉丝，但这并不妨碍她们也受到了影响。大家之所以购买，也许并不是因为喜爱玛丽莲·梦露，但大都是"希望成为像玛丽莲·梦露那样有女人味的人"。

"这是一瓶闻起来有女人味的香水"，香奈儿女士曾这样评价这款香水。大家购买行为的触发，正是因为玛丽莲·梦露身上有着高识别度的特征——性感、女人味。她的背书，使女性们迅速了解了香奈儿 5 号香水的女人味特征。这也正是香奈儿 5 号与玛丽莲·梦露的特质共性。

这就是特质匹配度高的代言明星对于耐用消费品品牌的意义。尽管香奈儿 5 号香水价格不菲，但是用户希望通过使用这款香水像玛丽莲·梦露一样性感、有女人味。这个产品特质借由玛丽莲·梦露非常清晰地传递了出去。

小结

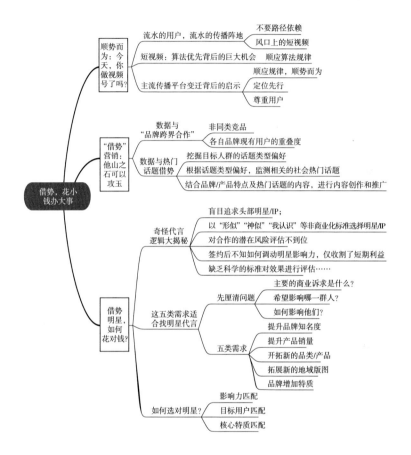

以上就是这一章的全部内容。不论规模大小，企业的营销费用都是有限的。广告营销部门不应该追求"申请更多的营销费用"，毕竟如果部门有 2 亿元，谁还能做不好广告呢？而是应该追求效率，尽量提高手上每一块钱的投入产出比。

要把钱花对，就不能跟大势对着干。热门的营销平台不断在变化，用户也在不断变化，我们需要随时保持觉知，看到营销变化的趋势，跟上它，成为弄潮儿。而不是坚持自己最熟悉的套路敝帚自珍。

合理地借势也是个花小钱办大事的好方法。与跨界品牌合作共赢，找到合适的热门话题借势营销，背后都有着自己的规则和套路。其实，与明星合作，与大 IP 合作，赞助节目等也都是借势，借的是对方的流量和影响力。只不过要复杂一点。

明星代言对于企业来说是笔不小的投入，因此绝不能拍脑门选代言人，谁红签谁，或者找"形似""神似""我认识"的明星。企业要搞清楚自己的商业诉求是什么，这个诉求是否适合代言赞助这种形式。还要搞清楚想要影响哪群人。然后，通过选择合适的代言人，思考合作形式，思考如何更好地影响目标用户们。

对于企业来说合适的明星，首先，要在预算允许的范围之内。然后要依次匹对一下彼此的影响力特征，明星的影响力人群是否是企业的目标用户人群，以及明星身上的关键特质是否是企业想要的。

最后我想说，对于代言赞助来说，并不是选好合作对象就万事大吉了。选好对象只是万里长征的第一步，是代言的前期工作。接下来还有中期和后期的工作。中期是指在合作的过程中，通过数据分析实时监测，不断地调整和优化。后期是指评估阶段，需要在过程中做好数据监测，定期观察 KPI 的完成情况，科学地对代言效果做出评估，并思考下个阶段如何提升。受本书篇幅所限，中后期的部分有机会再与你分享。

下一章依然是关于如何提高营销效率的内容，我会着重与你讲一讲几个提高营销效率的好用工具。

第六章

定向提高营销效率

让企业发展的过程更顺遂，令营销决策更准确高效，除了顺应时代、合理借势这种借助外部力量之外，更重要的是练内功。找到自己的问题，然后各个击破。

为什么产品卖不动呢？为什么用户总是记不住我呢？为什么复购用户这么少呢……很多时候企业面对的是这种类型的难题。感觉很多原因都可能导致这问题，就是不知道最关键的原因是什么。

复杂的商业问题要怎么拆解？我知道用户在我的产品前来来回回就是不买，但不知道为什么。

针对这两个最典型的难题，我想给你推荐两个非常好用的思维模型："商业企图红星模型"和"用户之旅模型"。

第一节　两个工具提升营销转化率

一、如何拆解复杂商业问题

如果说借势是为了"大鹏一日同风起，扶摇直上九万里"，那么，"全局思考"就是为了帮助企业更客观全面地认识自己和环境，从而做出准确的业务选择。毕竟，就算企业可以借势跑得很快，但如果自身的业务目标和方向不对，也是不行的。

不论是企业还是个人，能够客观认识自己，认识环境，都是很难的。

著名导演黑泽明先生有一本自传，叫《蛤蟆的油》。

在日本民间流传着这样一个故事：在深山里，有一种特别的蛤蟆。和同类相比，它不仅外表更丑，还多长了几条腿。人们抓到它后，将其放在镜子面前，蛤蟆一看到自己难看的样子，不禁吓出一身油。这种油，也是民间用来治疗烧伤烫伤的珍贵药材。

黑泽明先生在晚年，站在漫长的人生旅途临近终点的地方往回看，以更通达成熟的"上帝视角"回首往事，把自己比喻成一只站在镜前的蛤蟆，发现自己从前的种种不堪，吓出一身油。这就是这本《蛤蟆的油》的书名来历。

很多时候，企业妄自菲薄或夜郎自大，高估市场或低估用户，都是由于无法客观认清自己和环境。如果他们也可以拥有"上帝视角"，并能站在漫长的时间长河里往回看，可能也会像黑泽明先生一样，吓出一身"蛤蟆的油"。

上帝视角和时空穿梭目前都只存在于小说中。但是，从商业分析的角度看，通过科学的思维模型和客观的数据支持，企业也可以做到认清自己。

奥美集团有一个很有价值的思维模型，叫作"商业企图红星"（见图 6-1），也称之为"5C 模型"。可以客观地帮助企业拆分复杂的商业问题，认清自己，探索合理的商业目标。

图 6 - 1　奥美（Ogilvy）——商业企图红星

商业企图红星分为五个分析维度，分别是：

企业（Company）：认清自己，梳理企业自身资源资产，分析目前需要解决的核心问题。

品类（Category）：认清环境，站在全局视角，分析市场行业环境、政策环境背后的势能、机会和挑战。

竞争（Competition）：思考竞争机会点，了解目前面临的竞争态势，寻找准确的差异化竞争机会。

消费者（Consumer）：找到目标用户，并了解 TA 们的需求和购买决策。

渠道（Channels）：找到快速触达用户的通路，分析品牌或产品在通向消费者的过程中，通路的情况及变化。

第一个维度的梳理你可以借助第三章讲过的品牌资产光谱。厘清企业目前真实拥有的资源资产，既包括无形的资产，如政府背书、某些行业奖项或荣誉等，也包括有形的资产，如企业规模、用户规模、市场营销费用等。此外，不要只是对企业目前遭遇的所有困难做简单汇总，要厘清企业目前真实面对的商业问题，这其中包括营销问题。

第二个维度是品类，也就是行业分析。"不识庐山真面目，只缘身在此山中。"我们不能一直闷头努力，而要将企业和产品的优劣势放在大的市场环境下重新审视，以客观的市场大环境为标尺，判断自身的位置和机会。

第三个维度是竞争。首先要找到正确的竞争对手，客观认识和理解相互之间的异同（包括但不限于产品、用户、营销等层面），寻找差异化的优势，像前文所说，争取"做不同"而不是"做更好"。

第四个维度是消费者。消费者即指目标用户，目标用户不是仅指企业的现有用户，还包括市场上的潜在用户群体。理解用户的真实需求，思考如何同其构建更优的关系。

第五个维度是渠道。以目标用户的真实数据为基础，寻找最主流的营销触达渠道和产品购买渠道，以此制定渠道策略。

上面五个维度，既有企业的视角，也有行业的视角，既有竞争的视角，也有用户的视角。当面对复杂问题，比如制定商业目标、营销目标，从这五个维度出发去拆解问题，先客观地分析一轮，再去解题，你会发现，答案会更科学，也更落地。

由于目前的数据环境一直在高速发展，"商业企图红星"模型便有了更好的落地环境。

在传统公关时代，前三点，即企业、品类、竞争的背景分析，是通过整合分析企业方的资料、各大分析调研机构推出的趋势报告，再结合公关人的经验和智慧来得出结论的。如果企业资料过于主观或片面，或者数据源出现问题导致结论不准确，那么以这些信息为前提推论出的结果，准确性也可想而知。

目标用户圈定，就更加"任性"，往往是由项目负责人"拍脑门"定出来的。

至于渠道，传统公关人是从"自己认识的媒体"中挑选"适合"该品牌的媒体。这样选出来的渠道，有很大的主观和运气因素。

将数据引入之后，探索营销目标就会变得科学和容易多了：

1. 企业（Company）

● 企业的商业模式：除了企业方资料，可以通过对比不同商业模式背后的数据趋势，来判断机会成本①，从而分析企业的潜在机会和问题。

● 企业的意图和需求（企业面临的问题究竟是什么）：可以通过社会化聆听②市场及消费者的舆情数据来调整方向。

● 产品的特点，优势、劣势：可以通过针对目标人群的大样本随机抽样对照调研来了解受众的态度和行为，更真实地了解产品的优劣势。

---

① 机会成本：是指为了得到某种东西而所要放弃另一些东西的最大价值；也可以理解为在面临多方案择一决策时，被舍弃的选项中的最高价值者是本次决策的机会成本；还指厂商把相同的生产要素投入其他行业当中以获得的最高收益。

② 社会化聆听（Social Listening）：通过抓取、处理和分析社交媒体上的碎片化信息，来了解品牌或相关对象在社交媒体上的舆情情况，以优化营销的内容策略，或对公关危机进行预警。

2. 品类（Category）

• 品类的发展状况即成长/成熟/衰退：可以通过垂直类的数据工具（例如，应用雷达，一个监测移动 App 发展趋势的免费工具）来清晰呈现发展趋势。

• 品类的商业价值：品类的发展状况，除具体的销售数据外，还可以通过对消费者态度数据的收集和整理，进行更准确的定位和预判。

3. 竞争（Competition）

• 竞品的圈定：不仅需要分析企业方认定的同行企业，而且需要站在消费者立场收集态度数据，来寻找那些很容易被忽略的"跨界"竞争对手（详见第二章相关内容）。

• 竞品的营销分析：用数据抓取，不但能准确知道竞品都做了哪些营销活动，还可以看到用户和媒体的态度等。

4. 消费者（Consumer）

• 企业后台的用户管理数据及调研数据，可以用来分析和理解现有用户群体。行业趋势报告、调研数据和线上相关用户数据的采集，可以用来研究潜在用户群体。再综合品牌和产品的特点，企业就可以找到目标用户群体，并理解 TA 们的特点和诉求。

5. 渠道（Channels）

• 用户的主流触达渠道：以前是公司有什么传播渠道就用什么，以及媒体说自己的影响力如何就相信。现在则是通过用户公开行为数据的跟踪，分析用户的各类相关数据，如 App 使用及停留时长、自媒体账号关注度、直播主播关注度等，客观找到性价比最高的触达渠道。

结合这一模型，并伴随着企业可以获取和分析的数据源和数据维度越来越多，我们可以更早、更高效、成本更低地认识自己和环境，作出更有效的决策。

二、用户转化的卡点：找到那个"拖后腿"的关键因素

企业管理大师艾利·高德拉特博士由于一直勇于挑战管理行业的陈旧思维，并提出崭新的创新想法，被业界尊称为"手刃圣牛的武士"（Slayer of Sacred Cows）。他最有名的"创新"，叫"TOC 制约法"。

TOC 制约法表示，任何企业或组织，都至少存在着一个约束因素，否则它就可能有无限的产出。因此要提高企业的产出，关键点就在于找到并优化那个最重要的制约因素。任何一家企业，你都可以把它想象成是由一环又一环的关键因素构成的。而企业的最终强度，则取决于其中最弱的一环，而不是最强的一环。

例如，学校里组织登山活动，并规定，以每个班为单位进行比赛，哪个班级的所有同学最快爬到山顶，哪个班级就可以得到获胜奖励。

在比赛中，你会发现，每个班级都有爬得快的，也有爬得慢的。最快和最慢的同学之间，有时候速度能差出一倍。但就算一个班级里有很多很多爬山很快的同学，就一定能获胜吗？哪怕所有同学都爬得很快，只有一个同学爬得非常慢，这个班也不能获胜，因为比赛的规则是，全班登顶才能结束计时。

所以，办法是什么呢？

是大家找到这个爬得最慢的同学，然后一起帮助他，帮他

背书包以减少负重，鼓励他，陪伴他，甚至在他爬不动的时候在后面推一把。只要最慢的同学可以提高速度，整个班级的获胜概率就大大提升。

这个"慢同学"就是关键制约因素，是那个"病灶"。

在企业里，走得最慢的环节总是决定了整体有效产出的多寡。要提高产能，只需要提高瓶颈环节的产能就够了。这就是我要在这里提起管理学大师理论的原因。

如果认识到整个企业发展的卡点是品牌知名度不够，那就去改善品牌营销部门的工作。如果产品卖得不好，用户不喜欢、不愿意买，就去查一下，在用户购买的整个旅程中，到底是哪一个环节，哪一个关键制约因素，拖慢了整体的进度。

这就是我接下来要推荐找问题模型——用户之旅模型。它不但可以帮你找到"拖后腿"的关键制约因素，还能告诉你"跑得快"的同学有哪些，也就是企业的优势，然后就可以更好地发扬和宣传。

三、"一针见血"的用户之旅模型

用户之旅模型（Customer Journey），是指通过采集和梳理真实用户数据，客观总结及还原主体用户从首次接触品牌到完成购买及分享的整个过程。

这是一个可以有效帮助企业提升用户转化、延长用户生命周期，做出科学决策（包括但不限于营销决策）的模型。

通常，用户与企业接触的全过程有五个关键节点，代表了五个典型阶段，分别是：知晓、兴趣、研究、购买和分享（见图 6-2）。

| 知晓 | 兴趣 | 研究 | 购买 | 分享 |

图 6-2　"用户之旅"示例

以汽车为例，一个典型的奔驰用户的购买过程是这样的（见图 6-3）：知晓车辆品牌/产品信息→对该车型感兴趣→产生了购买想法，对比研究相关产品信息，前往试乘试驾→决定并购买→分享新车信息或购买体验。

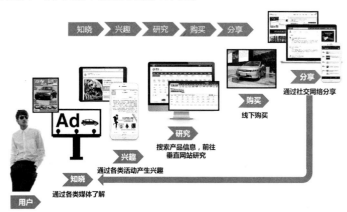

图 6-3　汽车用户的传统"用户之旅"（示例）

1. 知晓

首先用户通过广告，可能是网络广告，也可能是电视广告，知道奔驰新推出了一款汽车。这是知晓阶段。

这个阶段是一切推广和销售的起点，对于用户来说，属于跟产品的初次接触时期，产品在他脑海中留下了印象，但并不稳定牢靠。

2. 兴趣

过了一段时间，用户可能看到了产品的营销活动，或者听到同事朋友在谈论这款车。他在一段时间内重复接触到这款汽车的信息，于是对产品产生了兴趣，开始关心这款汽车。这是兴趣阶段。

这个阶段是点燃用户购买热情的重要时期，也是品牌营销可以发力的关键阶段。当你能将产品信息同用户自身的价值观、态度、审美等趋同时，他的内心便会产生进一步的认同和对产品的兴趣。

3. 研究

之后，用户可能有一天遇到了一个购买的重要契机，比如一位来自北京的用户终于摇到车牌号了（摇号政策对于北京市民来说概率如同买彩票中奖，如果能摇到号，谁还不抓紧买辆车呢），或者是收到了一笔不菲的年终奖，他开始认真考虑买车这件事，并准备了起来。这个时候他会进入第三个阶段：搜索和研究阶段。

在这个阶段，用户会进行大量的研究，比如去汽车之家或者一些车友论坛上认真比对不同品牌汽车的参数和口碑，了解产品的优劣势、购买的成本和风险，去线下的 4S 店试乘试驾，最终权衡到底买哪一款车。

此时，距离产品的购买只差临门一脚，如果企业能在做好上一个阶段的同时，在这个关键时刻做好产品性能、外形、性价比，同时借助专业媒体和评测类文章发挥宣传上的影响力，那么，哪怕是新手用户，也能在购买之前形成对品牌的信任。

4. 购买

研究结束后，用户最终选择了奔驰的这款汽车，于是去了家附近的 4S 店买下了这款车。这就是第四个阶段：购买行动。

这个阶段是企业最看重的阶段，企业都希望有尽可能多的用户进入购买阶段。

5. 分享

购买之后，用户开始正式感受这款车。使用一段时间后，他感觉非常好，于是向亲朋好友推荐，甚至写了一篇使用感受发到了社交平台上，收获了很多网友的点赞和评论。这就是最后一个阶段：分享。

这个阶段同购买一样重要，"金杯银杯不如用户发自内心的口碑"。你会发现这里会形成闭环，因为这些分享用户所公开分享的内容，会成为后人了解产品的有用信息，在对方的"知晓"和"兴趣"环节发挥作用。

那么，这个简单的用户之旅是怎么提升用户转化率的呢？

第一，我们可以根据每一个节点的特点，做出点对点的营销规划。

比如，在知晓阶段，目的是快速提高产品知名度和影响力，要寻找曝光量大的媒体合作，合作深度可以暂不要求。

在兴趣阶段，针对人群的痛点和产品特色，要进行能触发用户兴趣的内容营销和广告投放。

在研究阶段，寻找优质的垂直类和专业类的媒体，追求文章的质量和互动性，同时给出大量的优惠福利，以促进大家试用。

在购买阶段，对意向人群进行一对一定向突破。

在分享阶段，通过营销内容和活动的引导，鼓励大家分享。

第二，为了提升用户最终的购买和分享行为，企业需要通盘进行优化，而不能只针对销售节点做功课。

随着用户之旅节点的推进，用户数是逐步递减的（见图6-4）。

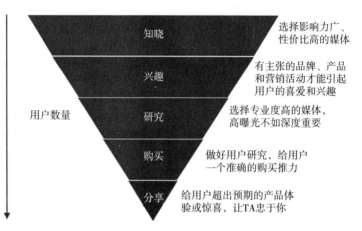

图6-4 汽车用户的传统"用户之旅"（示例）

如图6-4中所示，假设有1000个人看到了奔驰的广告，知晓了这款车。可能只有400个人会产生兴趣；而这400个人中可能只有100个人会仔细研究，只有30个人最终选择了这款车而不是宝马的新车。最后，30个购买用户里，可能只有10个人认真做了分享。

所以，如果你想要提升购买和分享两个节点的用户数，需要提升前面每个节点的转化率才可以。比如在知晓阶段，想办法推动更多的人，比如600个人而不是400个人进入兴趣阶段，后面的节点也是一样的道理。

这个认知非常重要，它看似简单却是很多人的误区。因为很多企业为了提升销量，会不断地给销售施压，同时不间断地做促销活动，错误地想要只提升"购买"这一个节点的转化，最终结果却并不好。因为，购买这一个阶段并不是孤立存在的。比如刚才说的这款新车，如果连知名度都没有，用户根本没听说过，就谈不上信任和销量。就算有了知名度，用户对车的相关信息所知很少，不感兴趣，也不愿意去研究这款汽车，他们当然也不会购买。

也就是说，用户需要先经历前面的几个阶段，才会到达购买转化的节点。因此购买转化率的提升不能只提升"购买"节点的转化，而需要对用户之旅每一个节点都做好优化，最终的销量和口碑才会提升。

所以，我们需要认真研究用户之旅每个节点背后的用户，如果没有进入下一个节点，阻止他们的阻力是什么？想办法解决这个阻力。同时研究那些顺利进入下个节点的用户，推动他们的推力又是什么？想办法发扬和复制这个推力。

这样一来，在同样的推广费用下，最终达成销售和分享的用户数才会提升。并且，用户对品牌和产品的好感度也会更高，使用产品的周期也会更长。

这就是在同等的营销推广预算下，通过用户之旅模型来提升最终购买和分享用户数的方法。

四、重点：寻找影响用户转化的推力与阻力

用户之旅这个模型看似简单却很好用，用好了常能救企业于水火。但使用的时候也有一些注意事项。

1. 制作用户之旅需要真实数据支持

用户之旅需要客观呈现企业目标用户的真实情况，它不能靠经验来写。企业在制作用户之旅的时候，会用到的数据形式主要是靠小数据，也就是定性和定量调研，同时也会用到一些线上采集的用户数据、企业后台的用户数据及二手趋势数据。

2. 用户之旅不能通用

有的时候，你可能通过一些渠道拿到了竞争对手企业的"用户之旅"，这是可以套用的吗？

不可以。它是不能通用的。因为就算是同样的行业，面对的目标受众人群也不尽相同。企业自身的品牌和产品特性也会存在区别。用户之旅一定是定制的，不能套用别人家的现成答案。

3. 用户之旅的节点不是固定的

用户之旅的节点不一定是知晓、兴趣、研究、购买和分享这五个。这五个节点是一套典型的节点，但只是供你参考。不一定所有品牌的用户之旅都是这五个节点，要按照用户的真实行为来定制。

在互联网和移动互联网高速发展的今天，很多不同类型的社交网络百花齐放，用户研究、购买和分享产品的行为习惯和以前发生了很大的变化。同样是买产品，比如洗衣机，有的用户还是会采用之前传统的五步，也有的人可能观看了一场名人直播就快速下单购买了。有一些网络红人、意见领袖或明星凭借鲜明的个人风格、准确的内容定位和稳定的用户聚合力打破了传统的用户购买流程，很多用户会出于对他们的信任快速购买产品。

如图6-5所示，用户可能在直播间第一次看到这款产品，但由于喜欢或信任主播，中间的几步瞬间完成或者跳过，直接就跳到了购买环节，用户之旅只有三步。

综上所述，用户之旅的制作需要客观地观察用户行为。

4. 企业可以有多条用户之旅

有的企业会有多条用户之旅。比如刚才说的售卖洗衣机的

知晓 兴趣 研究 分享 购买

看到产品信息　　　　　　　　　　　　　　　　　　　买完了

图6－5　受红人意见领袖影响的"用户之旅"

不知名企业。买洗衣机的用户，有的人会采用传统的五步购买，但也有的人是通过直播间快速下单的，这两群人可能都很多。这时候就会产生两条真实存在的旅程。

另外，随着大数据的发展，数据使得营销变得越来越精准。厂商可以把广告信息植入用户浏览的信息流中，将广告定向发送。这也会产生"点击即转化"的用户行为，从而形成新的用户之旅。

因此，前文谈到的五个节点是常见的用户之旅节点，但不代表全部的用户之旅都长一个样子，品牌需要根据自身销售情况及用户真实的情况来制作。

5. 请至少以年度为单位进行更新

企业的用户之旅做出来之后，可以用多久呢？

答案是，至少需要以年为单位定期更新。因为现在的产品、平台和用户，变化都很快，年初做出来的用户之旅可能到明年，甚至是下半年就会发生变化。所以，这不是一个一劳永逸的工作，请根据市场变化定时更新。

谈完注意事项之后，咱们来看一下具体的操作步骤。

在操作上，用户之旅模型的制作主要有四个步骤：

第一步：通过对各类数据的收集整理，绘制用户之旅的节点。

你可以基于自身企业所拥有的用户数据（电商企业在天猫、京东平台的后台用户数据），再结合一些线上的数据、二手数据，以及用户调研的专项数据，制作用户之旅的节点。如果你有不止一条旅程，那么就都列举出来。

根据业务需求，如营销需求，为每个关键节点设一个"最期待的用户反应"。比如，一家珠宝公司，在兴趣节点中，最期待的用户反应是：当重要的日子到来时，应该买珠宝来犒劳一下或者庆祝一下。那么，就需要把这个反应写在兴趣节点中。

这个举动等于为每个节点设立一个目标，目的是帮助企业有的放矢地进行优化。

第二步：寻找每个节点背后的关键推力与阻力。

研究每一个节点背后的用户推力和阻力，是用户之旅最关键的一步。

这里我通过一个简化图展示一下推力和阻力（见图6-6）。

假设，现在为一家在目标市场知名度非常高的珠宝企业绘制用户之旅。在第一步中，发现节点是五个，分别是兴趣、研究、购买、使用和推荐。因为品牌的知名度足够高，知晓节点的优化意义不大，所以这一条用户之旅是直接从兴趣节点开始绘制的。

在中间的圆圈中，先为每一个节点写下"最期待的用户反应"，这是该节点的目标。比如在兴趣节点，珠宝企业的目标是"当重要的日子到来时，用户就觉得应该买珠宝"。

上面的对话框里，填写在对应的节点中，用户进入下个节点的主要推力，也就是指为用户带来正面购买推力的核心因素。比如，珠宝案例中，兴趣节点的推力是"圣诞节我要买首饰犒

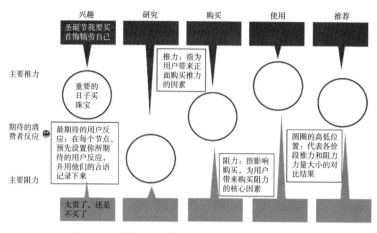

图 6-6　简版"用户之旅"推力阻力研究示例

劳自己"。

而下面的对话框，对应的就是"影响购买，为用户带来购买阻力的核心因素"，如案例里的"太贵了，还是不买了"。

在初学的时候，为了降低难度，你可以只保留每个节点最重要的一个推力和阻力，先解决主要矛盾，就像图中这样。熟悉之后，你可以把所有重要的推力和阻力都放到该图中。

最后，每个节点对应的中心圆圈的高低位置，则代表各阶段推力和阻力力量大小的对比结果。如果圆圈在正中间，就表示两边的力一样大，但这种情况比较少见，更多的时候圆圈是不在正中的。比如图中案例里，更多的用户嫌贵不想买珠宝，从对应的用户数量来看，阻力要大于推力，所以下面的力大，会把圆圈往上推。而在研究阶段，推力大于阻力，所以圆圈是在下面。这样一来，大家就能很直观地知道哪个节点做得比较好，哪个节点需要重点优化。

所有阻力大于推力的圆圈都需要重点优化。对于阻力的优化是提升用户转化率最关键的因素。

在实际工作中，每一个节点背后往往都有着多重的推力和阻力。那么，怎么清晰地呈现力的大小呢？我们来看一下，一个真正的用户之旅长什么样（见图6-7）。

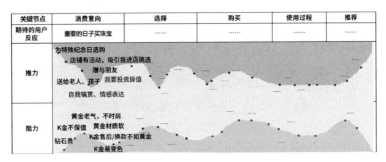

关键节点	消费意向	选择	购买	使用过程	推荐
期待的用户反应	重要的日子买珠宝	……	……	……	……
推力	为特殊纪念日选购 店铺有活动，吸引我进店挑选 赠与朋友 送给老人、孩子 我要投资保值 自我犒赏、情感表达				
阻力	黄金老气，不时尚 K金不保值 黄金材质软 钻石贵 K金售后/换款不如黄金 K金易变色				

图6-7 用户之旅示例

这家珠宝品牌是我曾经服务过的一家大型珠宝集团。我将他们的用户之旅进行了脱敏处理，供你参考。请感受一下，这就是真实的用户之旅的大概样子。

第一行，是五个关键节点。

第二行，是为每个节点设定的"最期待的用户反应"。

第三行和第四行，是主要推力和阻力。你可以看到，在真实的情况下，每个节点都是包含多个推力和阻力的。

还是以"形成消费意向"（后简称为"消费意向"）这一节点为例，节点目标是：重要的日子买珠宝。而推力和阻力有很多，推力里面有：自我犒赏、投资保值、想送给老人和孩子、店铺有促销活动，等等。阻力主要有：觉得黄金首饰老气不时尚，觉得钻石太贵了，K金类的首饰不保值，等等。

这里，由于每个节点背后都有多个力，我们用曲线图来表示力的大小。也就是说，曲线的弧度是根据实际力的大小来制作的。越靠近中心，代表力越大，所以可以看到，这里面最大的推力是：自我犒赏和情感表达。最大的一个阻力是针对黄金首饰的，觉得黄金不时尚。

这种图表式样的好处在于，每个节点都可以放置很多个推力和阻力，曲线图使得每个力的大小也是一目了然。

用户之旅本身就是信息含量非常大的，所以如果你觉得这张图复杂，是很正常的。

第三步：针对每一节点，给出针对性建议。

推力阻力图做好之后，你就可以根据实际情况，为每个节点分析机会点，给出建议（见图6-8）。

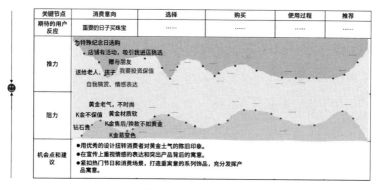

图6-8　"用户之旅"中的机会和建议

对于阻力的分析无疑会产生巨大的价值。比如在兴趣节点，通过对阻力的分析，可以给出建议：加强对珠宝尤其是黄金珠宝的设计，改变黄金土气的形象，在营销宣传上，侧重对产品设计的宣传。这也是前文提到的，重点针对"拖后腿的同学"

进行帮助，即"优化关键制约因素"。

同时，我们也需要发扬企业的优势。因为正是这些优势，才使得目前的很多用户顺利转化到了下个节点。比如在这个案例中，我们可以针对用户在买产品时，出于"自我犒赏"及对周围重要的人进行情感表达这些关键推力，给出相应的建议，如在宣传上，以相应的情感主题为核心，与用户进行感性连接，还可以扣紧热门节日推出主题珠宝等。

注意，这个模型固然对营销人非常有用，但请不要低估它的能量。用户之旅不只是为营销人服务的，因为它是基于企业与用户的真实数据，所以完全可以给运营部、产品部等其他核心部门提供科学的优化建议。一切跟用户相关的部门其实都需要基于并服从用户之旅的指导，发现自身的优势和劣势，发扬优势，提升或者转移劣势。

另外，请不要被上面的示例限制思路。脱敏示例没有呈现全部的建议。用户之旅的建议往往有很大的篇幅，建议的边界是根据数据发现的和企业自身的问题、需求来决定的。

对于营销人来说，在每一个节点下，除内容的建议外，还有营销渠道的建议、营销效果评估的建议、品牌形象提升的建议，等等。以奔驰车为例，在知晓节点，营销推广需要寻找用户流量足够大的渠道，以便在同等预算下，让更多的人可以看到这款新车并留下印象，如微信朋友圈广告、抖音或微博的开屏广告，等等。而到了研究节点，营销推广就需要去考虑那些流量可能不是很大，但是非常垂直、内容深度表现优秀的渠道。例如，汽车之家、知乎，等等。因为在这个节点，用户需要认真研究不同汽车产品的评测和深度试乘试驾的文章，来进行购车的选择。

第四步：用户之旅的最后一步，即重返第一步，定期更新。

由于企业一直处在持续变化的环境中，市场环境会变化、政策环境会变化、产品会变化、用户会变化、品牌与用户的关系也在变化……用户之旅又是一个可以指导企业多类关键决策的底层逻辑，它也需要定期更新。更新的频率可以根据企业的真实情况来定，但一般来说，建议企业至少每年更新一次。

第二节　立对目标，做对一半

一、投资回报率是最大的课题

"我们已经尽力了！"

说这种话的营销人员一定是活儿又没干好。

为什么努力了效果却不好呢？刨去强势领导坚持走歪路、年纪轻轻经验不足这种不可抗力，有的时候跟 KPI（关键业绩指标）没设对也有关系。评估标准不科学，大家在做事的时候奔着一个不对的数据目标使劲努力，导致道路越走越歪，营销费用浪费得越来越多。

"市场主对于投资回报率的关注也延伸到公关领域，特别是在如何评估传播的有效性及验证实际效果上，相对地对于数据的需求也日益提高。"

"然而，就目前的现状来看，不同公关传播方式的效果评估不一定都能有相关的数据来进行分析，对于数据的收

集及评估衡量方式，其正确与真实性还有争议，也缺乏针
对质量的评估标准。"

——胜三：白皮书《2019 中国公关行业营销趋势研究》

KPI 这个词由来已久，即用关键业绩指标的达成来评估营销
推广的完成度。但部分从业者对 KPI 评估并不重视。在他们心
中，KPI 只是个没什么用的"面子工程"。他们有时为了迎合客
户，客户要求什么就设定什么，有时如果客户不要求，就干脆
不提 KPI。

这在实际工作中，会导致怎样的后果呢？

可能会造成"无愧于心"的职员在项目结束后手忙脚乱地
"作假"，以粉饰推广并没有做好的事实。很难想象，一个不清
楚"哪些指标达成等于营销目标达成"的人，能把营销推广
做好。

之前，某品牌的新款轿车在推广时，设置的营销目标为
"提升品牌效应，体现品牌理念"。其代理公司看到这个目标后，
并没有做任何讨论，也未设任何 KPI 就开始了推广。他们耗资
200 余万人民币，做了一个为期半个月的线上营销活动。代理公
司为了保证效果，搭配了很好的推广资源。

但是，当活动结束，开始写结案报告的时候，他们却傻了。
"想要证明受众了解到了品牌理念相对容易。但是，提升品牌效
应要怎么证明啊？"于是负责人来找我支招。

"体现品牌理念这个概念太模糊了，重点体现品牌的哪个理
念？项目开始前，目标受众对该理念的认知程度是怎样的？项
目结束后，受众接受到什么程度是合理的……很多要素在项目

展开之前就要数据定位，并同企业达成共识的。"我很无奈。

坦白来讲，如果对方在项目执行之前来寻求帮助，我一定会建议从优化营销目标开始做起，并把评估标准定在前面。这样才可以有方向地推广，并实时收集数据。但现在项目已经到了结案阶段，实在爱莫能助。

对方十分痛苦："我们很认真地做这个项目了，该花的钱都花了，找的都是质量最好、最贵的自媒体账号合作。为了保证效果，团队所有人都一直加班。"

这么努力，却无法证明自己。事实上，营销目标确实并未达到。

最后没办法，他们默默找到一家刷评论^①的小公司，花钱在其推广内容下刷了很多诸如"我爱某某品牌，我一直开这个品牌的车，开了好多年啦！现在这个品牌推新车了，我是一定会支持的！"这样的内容。然后大家截屏，放到结案报告里，以证明"品牌效应"达到了。

客户又不傻，怎么会看不出来作假呢？这可是红线问题。后来他们便失去了继续合作的机会。

这并非个案，这种"战略上偷懒，战术上玩命"，然后"不得善终"的情形时有发生。项目刚开始的时候，不认真研究营销目标，也不做任何的数据计划。等到做完了，开始后悔没有提前跟客户说清楚评估标准，导致最后双方一直争论不休。同时，执行过程中也没有认真收集数据，等到写报告的时候，发现巧妇难为无米之炊。逼得没有办法，只好把能追溯的数据全

---

① 刷评论，是指在社交平台上，在指定内容下刷上虚假的评论。

都收集在一起，胡乱地联系一通，力求同主题搭上边，实在不行就做点假数"补救补救"。

这无疑是饮鸩止渴。

数据评估体系一定要在项目开始执行之前就做好，并与企业达成共识，因为正确设立数据评估的标准和体系，并不单是为了在项目结束后拿着一个漂亮的数据交差，更重要的是，它能帮助我们在项目执行的整个过程里，不断地校准至正确的方向，快速完成目标。

二、KPI 的误区

KPI 的全称是 Key Performance Indicators，中文叫关键业绩指标。

理解起来并不难：目标的达成由达成关键业绩指标来证明。

应用在日常工作中，有三个常见的误区。

误区一：所有的目标都是可被准确测量和指标化的。KPI 是具体的数字，如 35%，而不能是区间，如"10%~35%"。

这样理解 KPI，会使得大家在实际操作过程中教条和局限地对待评估。评估应当"客观、准确"的本质也就被忽视了。

首先，某一些商业目标，是难以在项目开始时，制定一个准确的数据目标的。例如，当一个新行业刚开始出现时，企业的商业目标会是"市场教育，令大家接受这个新事物，并使用我的产品/服务"。但是，这样的一个目标，要做到怎样的数据才算实现了呢？

是 10% 的中国人听说过这个品类？还是 10 万人使用了我的产品/服务？

就像电动汽车刚刚问世的时候，特斯拉要怎么设定 KPI？这个市场的教育周期、环境的成熟程度、价格的接受度、用户的心理变化……太多的变量，没人可以做出一个精确的评估标准。更不要提参照物的问题了。一个新领域在诞生伊始，是没有参照标准的。只有前人做过，后人才能根据前人的历史数据找到相对标准。

例如，互联网打车软件刚刚进入市场的时候，为了让更多的出租车司机和用户安装产品 App，假设企业贴补出租司机和终端用户的推广费用是 1 亿元人民币，这笔投入应该带来怎样的效果，达成怎样的装机量或者是曝光数据，能被评估为及格？

这是没有参考标准的。如果在这个时候，非要设立一个 KPI 的评估数据的话，实在是强人所难。

就算不是新兴领域，很多指标也无法提前预设。

例如，某企业的抖音账号，营销目标是：提升粉丝好感度。我们可以通过粉丝的互动数量及评论的情感值，甚至是问卷调研来判断大家的好感度是否提升了。但是，投入 100 万元营销费用，好感度要提升百分之几才算合格？这没有标准。只能给一个模糊的努力区间，然后在同等预算的情况下把今年的好感度和去年同期进行对比。

僵化的评估只能流于形式，有的时候，将 KPI 的数字设为一个区间而不是一个具体的数字，反而更加科学。

误区二：KPI 设定好后不能变。

有不少人会认为，KPI 一经设定就应该是板上钉钉，要是说改就改岂不是太儿戏了。

"KPI 是在项目执行开始之前设立的一个评估的标准，如果在过程中 KPI 还会变化，那怎么还能起到客观评估的作用呢？岂不是只要营销做得不好，改改 KPI 就好了吗？"大家是怀抱着这样的观点看待这个问题的。

因为营销做得不好就反过来改 KPI，当然是不能接受的行为。但这里想说的不是这件事。由于 KPI 是提前预设的目标，你会发现，有时在执行的过程中，实现目标的表现形式可能会发生变化。如果刻板地只监测之前设定的数据，可能会忽略其他更重要的指标。尤其是在做一些开创性的项目、面对一个比较新的市场、基于一个比较新的社交平台，或是针对一个很小众的营销目标来做推广的时候，KPI 常常是需要在执行过程中逐步优化的。

以某企业的微博账号为例，假设年初接到的营销目标是"提升粉丝对账号内容的认可度"。根据这一目标，大家根据历史经验及对目标的解读，设置了以下 KPI：

（1）内容的转发数平均提升 A%；

（2）评论的平均情感值中，正面评论比例高于 B%，负面评论低于 C%。

项目开始后，大家在执行的过程中，不断监测这两个指标的数据表现，发现确实数据指标在逐渐提升。但同时，大家也发现，账号粉丝好感度的提高还表现在了另外的行动上。例如，有的人会引用、不少人会全文拷贝喜欢的内容，然后发布到自己的主页里。还有一些人则将内容直接或者二次加工后转发到了其他的平台，如视频号、B 站、小红书等。

用户的这些行为数据，其实并未反映在账号本身内容的互动数据里，只有针对特定内容基于全平台做监测时，才能看到上述内容出现的频次。上述行为当然意味着用户对内容的认可，但是却并未被计入评估体系中去。这些数据，就很有可能在推广的过程中被轻易地忽略了。

这种情况，在新市场、新平台、新项目、新目标中会更加频繁地出现。再有经验的营销人员，也很难做到在项目尚未展开的时候，就面面俱到地想到所有正确的评估方向。这也不应该完全由人脑完成，因为这同时也是数据分析的使命和意义所在。

更科学的方式是，先根据营销目标设定 KPI，但不拘泥于这些指标，而是在项目进行的过程中，根据实际情况相应调整。

误区三：不聚焦营销目标，只追求达成 KPI 数字。

KPI 体系本来的意义在于，通过科学的评估体系来准确了解营销的目标是否实现。就如同一柄双刃剑，大家常常在执行的过程中，就不自觉陷入"为了数据而数据"的错误认知中，反而忘记了初心是实现营销目标。

同时，在这样简单粗暴的因果关系下，也很容易引发作弊。

例如，某个品牌想要提升视频号的内容质量，设了个 KPI：企业视频号的内容一个月需要达到总阅读数 500 万次。

然后到月底一看数据，确实达到了。但是这个月发布的内容数量是上个月的 10 倍，平均到每一条的阅读数其实还降了，然后老用户还流失了一大堆。

这个内容是越做越好了还是越做越差了呢？

这也是刷粉丝、刷评论的造假小公司生意红火的原因。常常会有这样的怪圈：企业负责人拍脑门给代理公司设置一个不科学的 KPI，如账号年度增长粉丝 100 万。营销公司为了迎合企业，满口答应，但又无法做到，于是花钱找人为账号充上一大批僵尸粉①。企业的营销目标其实根本没有达到，却因为这些虚假繁荣的 KPI 数字盲目乐观。

所以，我们不应该孤立地、一成不变地、僵化地对待 KPI，而应该一直围绕着最核心的营销目标来设置 KPI。所有的营销手段都需要一直忠于目标，而不是为了完成某个或某几个数字。在推广的过程中，KPI 不应该只是评估工具，背后的思路同样可以优化内容。

综上所述，科学的评估体系应该是尊重目标、尊重事实和尊重变化的，而不是拍脑门的、静止的和僵化的。在设定 KPI 和评估的过程中，需要留意以下事项：

- 并非所有目标都可被准确测量和指标化，有时，设定一个区间而不是具体的数字更加科学；
- KPI 虽然是提前预设的目标，但在营销推广的过程中，实现目标的表现形式有可能会发生变化，因此应该做相应调整；
- 仅追求数据结果，容易引发作弊，要时刻谨记，数据永远是服务于营销目标的。

三、观察更多的数据评估维度

我们常常能看到"千篇一律"的营销活动效果汇报。

---

① 僵尸粉：僵尸粉一般是指微博、百度贴吧等社交平台上的虚假粉丝。花钱就可以买到"关注"。

一些报告的汇报维度像是复制粘贴的，都是：活动有多少曝光量，多少用户看见了活动，其中多少人参与了，多少人留下了点赞、评论和转发，带来了多少新增用户，多少账号或媒体转发了活动，多少人点击了产品购买链接……

你的报告是不是也是这样？不论是抖音、小红书，还是微博、微信，品牌的营销账号评估，往往就是：粉丝增量和粉丝总数，内容的浏览量、转发量、评论量、点赞量、收藏量等维度。

如果把报告里的品牌和产品名称隐掉，只是看内容和形式，你很难分清报告说的是谁，有可能是饮料品牌，有可能是家居品牌，也有可能是汽车品牌……一模一样的评估维度。就像婚恋网站上的个人介绍，人人都是：姓名、年龄、身高、籍贯、学历、职业、收入水平。如果你不是个爱看脸的女生，拿这些标准一筛选，如 1.8 米、研究生、月入 XX 元以上，就算筛出来几百个，看了也跟没看一样。你无法只通过这些维度就选出来一个人结婚。得见面了解一下其他关键的因素，如婚姻观、价值观、爱好、性格、共同话题等。

而婚恋交友至少可以通过见面，补全其他的"关键评估指标"。对于营销活动的报告来说，却常常没有别的指标了。有的人可能活动做得很好，却说不出来，就像图 6-9 一样。掌握多元的分析维度就如同你的绘画技巧，技巧越多越熟练，画画的时候就能更形象、更无损。

无论是像微博这样的老牌社交平台，还是像抖音、快手这样的短视频平台，抑或是天猫、京东这样的网络购物平台，背后的数据维度往往远不止这些。尤其是一些平台现在是靠数据

图 6 – 9　我的营销活动 vs 我报告里描述的活动

算法来进行自动识别和运作的，如抖音、今日头条的内容自动推荐机制，考察维度之多、之丰富，视角之独特，都是非常值得去研究的。

1. 不同社交平台的用户群体、使用方式和算法都不同，需要有针对性地量体裁衣

同传统图文时代的公众号不同，很多短视频平台非常在意内容的原创性、账号持续更新的频次、内容的交互性（是不是由真人出镜来讲解）等。平台会通过算法来对具备以上特征的内容，给予更多的用户流量扶持。也就是说，让更多并非账号粉丝的人看到你的内容。

如果你能够更好地了解到这些规律，就可以有针对性、有选择地根据不同平台的特点，用同样的推广费用，达到更好的营销效果。

2. 多维度可以让你多角度地了解营销效果，以便做出优化

一个好的评估，不单是客观地对效果作出衡量，更是要对下一阶段的内容予以指导。

例如，抖音会根据短视频的完播率情况，对表现好的内容给予流量支持。微信视频号平台还会在后台很细致地评估短视频内容前面十秒的跳出率情况，看看那些非账号粉丝的游客看到一个陌生的账号推荐，会不会认真读下去、读完，并产生关注等行为。因为一般来说，用户决定要不要看下去一个内容，会在开始的十秒之内完成这个判断。

因此，前十秒的跳出率不但是一个可以评估内容质量的维度，也是一个帮助优化内容的标准。你可以用数据告诉内容团队：一个好的开头有多么重要。

再举一个例子。当你打开小红书、抖音的搜索功能并输入文字的时候，你会发现，这个时候系统会在你的文字下自动弹出一个列表，列表显示的，是相关内容及内容的热度。

例如，在小红书 App 的搜索栏打出"咖啡"，下拉栏会出现以下信息（见图 6 - 10）。

在平台上，跟咖啡相关的笔记有 688 万余篇，商品有 29 万余件，是个热门的话题。你可以点击进去，看一下这些数据排过序的用户关注重点背后的热门内容，从而思考自己有哪些可以提升的地方。

而类似下面"咖啡推荐""咖啡推荐减脂""咖啡蛋糕"等，则是用户搜索"咖啡"时关联度最高的内容，也很值得点进去看看同自身品牌或产品的关系，思考相关的营销内容。

这也是某种意义上的"借势"用户的关注热点。

图 6 – 10　在搜索栏输入"咖啡"

3. 多维度可以让你的营销效果"更无损"

例如，在微博平台上，某媒体品牌对其官方微博的影响力和运营情况做评估。除传统的粉丝总数、粉丝增量、微博内容平均转发量、评论量、点赞量外，你还可以看一下传播层级、生存时长、社交关系谱等维度。从而让评估更加"有血有肉"。

●传播层级

不单是微博平台，在很多社交平台上，只要内容可以被转发，就会存在传播层级这个数据维度。层级，是指转发的层数。一条内容被发布之后，账号本身粉丝的转发，叫作一层转发。转发者的粉丝的转发，叫作二层转发，以此类推。

传播层级的意义在于观察内容的质量和传播的健康度，如图 6-11 所示。

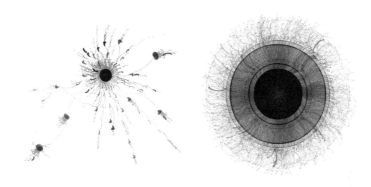

图 6-11 传播路径蒲公英图 - 工具：知微传播分析

分析两条不同的微博内容时，我们有时会发现，虽然这两条内容的互动数是差不多的（互动数是指这一条微博的所有互动行为的数据总和，在目前的微博平台上，即为评论量、转发量和点赞量的加总），但是整体的曝光量可能有很大的差别，比如其中一条微博的曝光量是另一条的 10 倍，或者更多。这背后往往就是传播层级不同导致的。

假设两个粉丝数一样的微博账号，各自发布了一条内容，两条内容的互动数都为 100。其中，内容 A 的 100 个互动都是转发，由 5 层转发构成。而内容 B 的 100 个互动都是评论。那么内容 A 的曝光量一定远远高于内容 B。

因为内容 B 的互动均由账号的粉丝贡献，而粉丝是一定的。就算全部粉丝都看到了这条内容，曝光量最多也就是粉丝总数而已。但是内容 A 则不然，背后有 5 层转发，其中 2 层以上的转发中，每一个转发都意味着转发者的粉丝也会看到这条内容。曝光量当然要高得多。

因此，转发量往往比评论量的意义更为重要。因为，只有内心认可或喜爱的内容，才会被用户转发。而这个举动会让并非原博主的粉丝，也就是更多转发者的粉丝看到内容。转发层级超过 2 层之后，转发者通常便不会认识原博主（明星微博除外。由于自身知名度高，其微博不遵循此规律），大家的转发行为往往只是基于对微博内容的认可，而不是对人的认可。

而观察转发层级的时间分布，也可以帮助企业快速识别僵尸粉。因为作假者通常都是使用机器来刷数据，因此常常出现这两种状态：转评赞都在同一个时间点完成，比如全部评论都发布于 7 时 34 分 23 秒；以及传播绝大部分只停留在第一层级，比如第一层级有 3000 人转发，到了第二层级骤减为只有 5 个人转发。正常状态下的内容传播，层级之间就算有差距，也不会出现如此悬殊的情况。

- 生存时长

内容的生存时长，是指一条内容从发布，到最后一条互动内容产生，中间的时间长度。

如果一条内容的生存时间长，这说明这条内容的质量很好，因此可以在传播的过程中不断地被转发，很多新看到这一条内容的人依然愿意转发和讨论它。

以 2023 年的大热电视剧《狂飙》为例（见图 6 - 12），当 2 月 1 日剧集完播后，依然持有很高的讨论声量，就是内容过硬使得不断有新的剧迷产生，从而引发持续讨论。

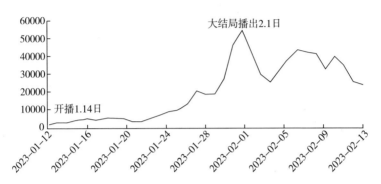

图 6 - 12　电视剧《狂飙》全网舆情声量生命时长

数据来源：知微

因此，评估该社交账号的内容质量时，我们可以截取一段时间之内账号发布内容的平均生存时长，并同上一阶段的自身数据或平台的该品类平均数据作对比，判断一下表现如何，以及是否有所进步。

● 社交关系谱

这里的社交关系，简单来说就是账号与账号之间相互关注和互动往来的情况。俗话说"物以类聚，人以群分"，品牌账号的社交关系同人的社交关系一样，可以侧面反映自身的影响力。

例如，评估该媒体品牌的社交账户影响力，我们可以分析它的社交关系中有多少高价值的账号，它是否经常同一些高价值账号互动。

图 6 - 13 是某账号的社交关系谱。

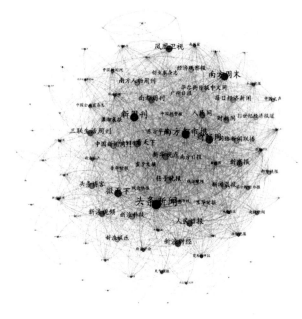

图 6-13 社交关系谱

数据来源：知微

图中不同账号名称后的圆点大小同其粉丝数量呈正相关。单向箭头表示单方面关注，双向箭头表示相互关注，账号与账号之间连线的数量表示该时间段内的互动数量。

很多社交平台都可以分析出类似的内容，价格不贵，分析时间也不长。

四、结果评估、成果评估与效果评估

KPI 不能有效被评估的原因，除了前面说的评估误区、维度不够丰富，还有一个关键点——只站在数据的角度，而没有站在企业的角度思考评估。

我给数据公司做顾问的时候，总帮他们走出一个误区，那就是，往往数据能力越好的公司，数据报告越长。他们恨不得把能监测到的所有数据都塞到报告里，方方面面事无巨细。

这实在是没有必要。

客户不见得能看懂所有的数据，往往也不需要全看懂，又不是数据教学。对方只是想知道结论，并不想当一个分析师。最重要的是，报告的篇幅太长，分析师很容易陷入数据中，并陷于"你看我们做了这么多的工作，给你提供了这么多的维度"这种情绪中，反而忽略了企业究竟想要什么。

也有的营销活动公司，分析维度没几个，报告却很长。乍一看挺唬人，仔细一看，里面就是传统的几个维度来回换着进行内容评估。比如，你活动期间一共发了十条内容，他就给你把这十条内容按同样的分析维度挨个来一遍，就像"老太婆的裹脚布一样，又臭又长"。

企业在评估活动效果的时候，真正想要什么呢？

他就想知道：我的钱花得值不值？影响的用户是准确的吗？用户会因为我的营销活动对品牌产生好感吗？他们愿意购买我的产品并且推荐给朋友吗？

就这么简单。

像曝光总量、参与用户数这些数据，就算数据量大，但绝对数值没有参照物的话，是看不出来大小的。比如，一个活动曝光两亿次，听起来好像很高。但如果你知道其他类似的活动，同样的投入平均曝光在四亿次，这个数字就并不高了。

追求绝对数值越大越好也不合理。一个活动，是看的人越多越好，讨论的声量越大越好吗？就算有一亿个人看，这些人里有多少是企业的目标用户呢？就算有五十万条讨论，如果大家认知到的并不是品牌希望传递的观点呢？

　　假如，一个品牌希望影响的目标用户是一线城市的中产阶级，但是这个平台给的渠道有问题，使得看到这个活动的用户，都是二三线城市的大学生。可能从数据来看，这个活动的曝光量非常大，但是这个巨大的数字对于企业来说是没有意义的。

　　因此，为了呈现真正的效果，我建议你把评估分三个层面进行。分别是：结果评估、成果评估和效果评估。

　　结果评估是指企业在社交平台上能拿到的用户的传统行为数据，比如前面说的曝光量、用户数、互动数，等等。它们是活动影响力的简单呈现，能反映出量的大小，无法反映质的情况，但也必不可少。

　　成果评估是指用户看到了企业的广告或活动，从而产生的一些心理情感的变化，比如说对品牌留下了印象、记住了品牌的某些特征、产生了情感偏好、产生了更深层次的认同和信任，等等。这种在情感层面的认知改变，都属于成果评估的内容。

　　你是否经历过这样的事？热情高涨地参加了一个活动，拿了一堆赠品小礼物，却不记得是哪个公司办的活动。例如，你经朋友介绍参加了某企业赞助的相亲线下小沙龙，活动现场布置得非常精致，参加的嘉宾也很好，你跟好几位异性交换了联系方式，最后拿着主办方赠送的小礼物开开心心回家了。

　　回家之后一琢磨：咦？这活动是哪个公司办的来着？

　　嗨！记不住没事儿，反正我换到联系方式了。

　　如果这个赞助企业来评估这一场相亲沙龙活动。从成果数据来看，你肯定是其中的成绩之一，因为你全程参与完了活动，收获了几位异性的联系方式，还拿走了礼品，可以说是深度参与了。

但你对于品牌来说，真的有价值吗？

你甚至不记得主办方是谁。

但如果，就成果再进行一轮评估，就会发现，你这个用户完全没有对品牌留下印象，更不要说好感度和忠诚度了，是无效用户。如果这样的用户很多，企业就要反思，活动中对品牌的提及，还有品牌与沙龙主题的关联度可能都有问题。品牌的植入可能太浅了，需要加强。

效果评估则要更进一步。效果评估是指用户因为有了情感层面的认知改变，即对品牌或者产品产生了好感等情绪，从而有了更深入的行为，如收藏产品、购买、推荐等。

企业最终想要的，其实是用户的购买和推荐。但是，这三层是层层递进的，用户一定是先看到广告或活动，然后逐步产生情感变化，最后产生深度行为。因此，评估也应该是层层递进的。

评估得这么深，有的营销人可能有疑问：我有必要这么做吗？营销人又不需要对最终的销售结果负责。另外，这么评估是不是能够保证100%准确？

确实，营销人对销售结果无法100%负责。因为，从产品生产到推向市场的过程有很多关键环节，营销只是其中的一个环节。局部确实无法对整体负责，而且，往往也难以准确判断营销行为对最终结果的帮助有多大。

以奔驰为例。假设品牌的广告营销做得很好，创意精彩、投放到位。但看了广告的用户并不一定会立刻买车。有的北京人可能还没摇到号，有的人可能是想把自己的车再开一段时间再换，他们半年后或者一年后才买。但你不能说这个广告做得不好。也许这个广告起到了很大的作用。但很难量化评估。

我们无法保证每一块广告费都不浪费，也不能保证评估是100%准确的。但我们可以不断追求更高效和更准确。营销人确实无法对销售结果100%负责，但可以通过更科学的数据监测，对企业的全链条尽力输送价值。

最后说一下怎么做。成果评估和效果评估，通常是用问卷调研的方式进行抽样评估的。比如，泽蕴老师的新书上市之后，做了一场读者见面会的活动。活动结束之后，可以给所有参加的人发放一个简单的问卷，问一下大家："你是在从事市场营销相关行业吗？""知道泽蕴老师的新书叫什么名字吗？""对老师有怎样的印象？""觉得老师书里的内容对工作有帮助吗？""你现场购买本书了吗？""会不会愿意跟别人推荐这本书？""如果泽蕴老师再出新书，你会买吗？"等问题。

这个问卷的结果，可以针对这场读者见面会的成果和效果作出真实可信的评估，而且数据结果难以造假。

五、设立核心指标，并把目标进行数据拆解

前面的几节讲完，咱们来谈一谈具体的操作。

首先依然是立好目标。做任何事情之前，目标清晰都是最重要的。清晰的目标如同在你面前立了一个靶子，无论射击技术如何，方向总没错。

基于营销目标设置评估体系，有两个关键步骤：

第一，设定一个最核心的评估指标；

第二，基于业务本身对 KPI 进行分平台的数据拆解。

设立一个最核心的评估指标，是为了找到那个提升营销效率最核心的因素。尤其是对于营销新人来说，如果面对太多的评估维度，可能会手忙脚乱，并且压力大增：

"怎么回事？这么多指标……要全都做到吗？"

"如果最后只做到了 50% 怎么办？算活动失败吗？"

有一所小学，给学生发过一本叫作《好学生行为准则》的小册子，里面收录了 60 条准则，描述一个好学生应该奉行的行为原则，比如见到老师应该问好，每天一早把书桌擦干净，团结同学，等等。大家人手一本，学校要求学生好好阅读，按照书中所说成为一名好学生。

结果是效果很差。很多学生看了没几行就放弃了。因为实在太多了，根本难以全部做到，干脆就全都不做好了。

这种有点想自暴自弃的心情，应该就是拿到复杂评估要求的营销人的内心写照。这么多维度收集起来有难度，成本也可能会超预算。那怎么办呢？只能做到 50%，算不算失败？做到多少算及格呢？

你可以先抓住主要矛盾。在多个数据维度中，总会有一个最核心的指标，它同目标的相关性最高。

比如，战斗期间，战场的指挥官下达了一个军令："你们先到达狮子岭，从南部上山，到达第一片枫树林的时候，零散埋下 50 个地雷。然后，到枫树林背后的大石头背后，对自己进行伪装。伪装的要求是，5 米外的敌人一眼望去，也无法发现你们。这之后，你们继续上行，到达一个旁边有小溪的小山包，在这里隐藏。大概下午 2 点，会有敌军到来，他们会先进入地雷区，等到地雷引爆之后，大家对敌人进行扫射，力求全部歼灭，并且尽量降低我方的伤亡。"

大家认真记下这些命令后就出发了。但是，计划没有变化快。上山之后，突然下雨了，脚印很明显。小山包还遇到了塌方，大家花了两倍的时间才到达目标地点，完全没有时间埋地雷和做伪装。如果严格按照命令来，可能到了下午2点大家还在埋地雷。

聪明的指挥官都会在下达完上述任务命令后，再着重圈出一个最重要的核心任务："你们按照计划进行。如果发生了不可控制的意外，大家记住，最重要的是，不论用任何手段，一定要歼灭这一伙敌军!"歼灭敌军，就是最核心的目标。而刚才那一大片的任务规划，都是为了完成这个目标而存在的。

同理，有的时候品牌设KPI也是有一大堆的维度，但其中一定存在一个最重要的数据指标。大家一定要把这个指标先找到。这个指标可能是"提高品牌在一线城市女性高收入人群的知名度"，也可能是"提升目标用户群体对品牌的好感度"，或者就是直白的"月度销量上升50%"，等等。无论是什么，把它找出来，这就是你工作时的"靶子"。

还有一个操作关键我想提醒一下。核心指标一定要清晰明确，不能有歧义。

举个例子。一家车企年初立下的目标是：我要做市场第一。

这就是有歧义。

什么是市场第一呢？第一是指销量第一，还是利润第一？是口碑第一，还是技术第一？是品牌影响力第一，还是4S店数量第一？

总不可能全都要。

所以要基于品牌发展的现状来明确一个具体的方向。

例如,目前国内卖得最好的 MPV 车型(multi - Purpose Vehicles,多用途汽车)是五菱宏光。这是一款价格在五万块人民币左右的面包车,很多人用这款车进货。如果这个品牌希望做 MPV 车型中的第一,销量第一就相对不是那么重要,因为已经做到了。利润率、技术,甚至是品牌影响力上的提升,都可以是核心目标。

找到核心指标后,你需要善用体系化思维,基于业务本身对 KPI 进行分平台、分程度的数据拆解,以便在同一套思路下,对多个平台、多个主题的营销内容进行一致评估。操作时,有以下四个重点:

(1)以营销目标为核心;

(2)基于企业目前的营销现状和存在的核心营销问题;

(3)以核心评估指标为重点;

(4)根据多个营销平台的真实情况,分结果、成果和效果维度尽量多元地进行评估。

为了让评估和业务不脱节,为了让评估能够更精准地发现问题、优化问题,你最好严格按照这个顺序来进行评估。

举一个例子,某个刚刚进入市场的高端女装品牌,要在多平台进行营销推广活动。营销目标是:提高品牌在一线城市女性高收入人群的知名度。

然后,要怎么明确核心指标,然后进行数据拆解呢?

如图 6 - 14 所示,你需要基于目标列出企业目前的营销传播现状:

营销目标	提高品牌在一线城市女性高收入人群的知名度				
品牌营销相关现状	品牌刚刚成立，知名度从无到有阶段； 营销费用有限，月度费用区间为XXX~XXX元； 产品主要在天猫、京东及微信小程序上售卖；				
品牌核心问题	品牌与竞品XXX差异性较小，品牌知名度低，现有网络声量也很低……				
核心评估指标	品牌知名度，尤其是在一线城市、30~40岁、月入3万元以上女性中的知名度				
营销平台	抖音	小红书	微博	微信	知乎
结果评估	活动曝光 品牌粉丝数 ……	活动曝光 红人参与数量 ……	品牌粉丝数 话题页声量 ……	活动曝光 品牌粉丝数 ……	用户参与情况 UGC数量 ……
成果评估	目标用户覆盖 评论正负面比例	目标用户覆盖 品牌主动提及率	目标用户覆盖 内容传播层级	目标用户覆盖 品牌知名度	目标用户覆盖 用户好感度
效果评估	购买链接跳转率 购买惯况 ……	自发提及和评测 产品推荐 ……	自传播声量 ……	购买链接跳转率 ……	评测文章数量 推荐文章影响力 ……

图 6 – 14 营销目标的数据拆解示例

• 品牌刚刚成立，知名度还非常低，正处于从 0 到 1 的初级阶段。

• 营销费用有限，月度费用区间为 XXX ~ XXX 元。

• 目前产品主要在天猫、京东及微信小程序上售卖，也就是说，如果营销互动需要支持销售转化，需要在合适的地方插入上述销售平台的链接或二维码。

然后基于现状，列出企业面前最重要的营销问题。

• 同竞争对手相比，品牌当前的差异性较小。因此在评估的时候，需要注意识别：用户是真的记住了品牌，还是由于分不清楚，把营销活动记到竞品头上了。

• 品牌知名度低，网络声量也很低。因此，营销人需要针对目标用户的活跃社交平台进行布局，保证品牌在多个热门平台都有声量，都能被用户看见。

基于上述内容，寻找前文说过的核心评估指标，对于该品牌来说，该目标为：提升品牌知名度，尤其是在一线城市、30

~40岁、月入3万元以上女性中的知名度，因为该人群是企业当前的目标受众人群。

最后一步，基于你要做推广的所有关键营销平台，把这个核心指标分平台进行对应的拆解，基于每个平台可获取的数据维度和平台用户的特点，按照结果、成果和效果这三个类目进行一一拆解。

例如：

结果数据，不同平台可能有：活动总曝光数、品牌粉丝数、粉丝增量、参与活动用户数、活动话题页面的互动数量（UGC：用户生产内容）等；

成果数据，有的平台会提供参与用户的一些基础信息，你可以借此判断目标用户的覆盖情况，即有多少分布在一线城市、年龄30~40岁、女性、高收入人群参与了活动。以及通过用户评论内容的语义分析，看一看用户评论活动的正负面词汇的分布情况，从而粗放地判断一下用户的情绪。或者看一下前文提过的内容传播层级，看看内容的传播层级深不深，如果层级数目很多，意味着用户对内容的认可度很高。你也可以通过小数据调研来进行抽样评估，了解在营销活动的前后，品牌在目标人群中的知名度和认可度如何等。

效果数据，也就是更进一步的用户行为。你可以观察产品的购买链接跳转率、真实的购买情况，用户有没有产生自发的分享行为，如向朋友推荐，或者写评测文章发在小红书或知乎上，等等。

综上所述，以上过程其实是一个把营销目标进行数据化拆解的过程，这个过程可以把企业的营销目标量体裁衣地用数据化的方式，解构为一些可以量化评估的维度，以及一些虽然不能指标化，但是需要跟踪监测的关键性成果及效果。

如果你严格按照这一套方法做评估，你会发现，它不但可以在营销执行的过程中不断帮助你校准方向，避免营销浪费，也可以在效果呈现的时候丰富全面地给出真实的评估，更可以为你下一阶段的工作找到可以优化的建议方向。

六、不要拿奔驰和可口可乐比销量

KPI 的评估方法你现在已经掌握了。最后，我还想提醒你一件很重要的事。那就是：参照物很重要，但不要乱设。

首先，参照物很重要。因为，孤立的评估数据是没有意义的，只有对比才能看见成绩。

> "你报告里面的数字是挺大的，但我们这几年数据一直都挺大啊。我不知道咱们到底进步了没有。"
>
> "你报告里面的数字是挺大的，但我没有什么感觉。"

企业在看营销报告的时候，有时会有这样的困惑。报告里的数字很大，但无法令人感受到这些数字的价值。

比如，耗资 100 万元的营销活动，获得了 2 亿次曝光。单看这个数字只是觉得很大，但不知道这个营销表现到底好不好。但如果配上一个参照物，例如，品牌去年同期在同样平台上，同样投资 100 万元的营销活动，曝光只有 5 千万次。你就能明显感知到，今年确实进步了。因此，在做评估的时候，一定要为关键数字设置对比参照物。比如，"在同样预算下，同去年相比我们做得如何"，或者"在同一段时期内，我们同竞争对手相比做得如何"。想要搞清楚这些，就需要我们在了解自身的营销效果外，同时还要知道"去年做得如何"，以及"对手做得如何"，也就是，设好参照物。

但是，参照物不能随便乱设。

在《统计数字会撒谎》一书中，美国统计专家达莱尔·哈夫讲过一个小故事：

> 在美国和西班牙交战期间，美国海军曾经用以下数据鼓励年轻人参军。他们在征兵海报上面写：美国海军的死亡率是 9‰，而同时期纽约居民的死亡率是 16‰，因此"来参军吧，参军更安全！"

看起来很唬人，但仔细琢磨一下，完全经不起推敲：9‰ 和 16‰ 这两个数据其实并不存在可对比性：当兵的人都是年轻力壮的小伙，死亡形式一般只是战死。纽约居民却是各个年龄层和身份的人都有。这些人的死亡原因有自然死亡的，也有交通事故去世的，还有病死的、自杀的，等等。

之所以经不起推敲，是因为对比的人群群体不同。针对两个人口构成完全不一样的人群，去简单粗暴地对比死亡率，是不科学的。但是，这个海报很能忽悠人。

在设 KPI 选参照物的时候，我们要避免这种情况出现。举个极端一点的例子：奔驰汽车和可口可乐。这两个企业都是品类里的头部品牌。但同样是头部品牌，如果对比两个品牌的年度产品销量，你会发现，奔驰连可口可乐的零头都比不上。

但比销量，对奔驰公平吗？用户可以天天买可口可乐，但用户几年才会换一辆车。耐用消费类产品和快速消费类产品的很多数据维度都不适合放在一起比较。

同样，企业级产品品牌（B2B 品牌，Business to Business 的缩写，是指企业与企业之间开展交易活动的商业模式）和用户型产品品牌（B2C 品牌，Business to Consumer 的缩写，是指企业与用户之间开展交易活动的商业模式）的一些数据也不能放在一起比较。比如，奔驰品牌的抖音账号有 312.9 万粉丝，但浪潮集团的抖音账号只有 3 万粉丝（数据截至 2023 年初，见图 6 – 15）。所以后者做得不好吗？

图 6 – 15　奔驰与浪潮的抖音账号示例

当然不能这么说，这两个品牌面对的受众群体不同。前者主要针对终端消费用户，后者的核心业务是针对企业级用户。两者的用户数量不在一个量级，用户带来的效益也不在一个量级。用户数从账号粉丝数就能直观地看到差距。从效益的角度看，前者多影响一个用户，可能多卖一台 100 万元的车，后者多影响一个用户，有可能会促成一笔几千万元的生意。

这几个例子听起来有点极端。在实际工作中，我们不会把奔驰和浪潮放在一起比较。但是，同一个品牌下的B2C和B2B业务线，也是同样的性质，但有的企业就会放在一起比较。例如，英特尔在微博平台上有多个账号，@英特尔中国是针对消费者的账号，粉丝有100多万。2023年之前英特尔还有一个针对IT经理人的账号叫@英特尔商用频道（目前已改名），粉丝有6万多。给前者定一个年度涨粉10万的目标可能没问题。但这个指标如果放在后者头上，那就过分了。因为中国的IT经理人总共才多少人呢？

营销费用在不同平台上的数据表现也不能直接作比较。

例如，同样花100万元，在抖音上的曝光量，一定远远高于知乎上的曝光量。能因此说知乎平台上的营销效果不好吗？

不能。因为后者是以内容深度见长的平台，用户基数少，但是内容质量高。而抖音平台有着巨大的用户流量，单以曝光量这个维度看的话，抖音有着基因上的优势。但如果比较内容的深度和质量，拿抖音和知乎比，对前者可能又是不公平的了。

所以，简单总结一下，当找寻参照物进行对比分析的时候，有一个重要的原则要遵守，那就是要保证在同等状态下进行对比。

比如说：

- 目标群体一致：针对小学生群体的数据不能同针对年轻白领的数据相比；19~24岁的用户数据不能同竞品16~22岁的用户数据相比。

- 产品属性一致：耐用消费类产品不能和快速消费类产品比，企业级产品不能和用户级产品比。

- 平台属性一致：不能拿抖音平台的同维度数据跟知乎、微博比。

- 时间区间一致：不同季度的数据、年度数据与季度数据不能直接类比。因为不同时间区间背后可能有的含有关键节日或事件，如双十一，有的则没有。当然，你可以比较之后用来参考，但是不能直接说，第三季度比第四季度表现差，是因为营销人员不努力或者没做好。可能营销人员啥也不干第四季度也比第三季度表现好，因为第四季度包含了"双十一购物节"。

- 费用预算一致：1亿元预算下的活动曝光，不能同10万元预算下的活动曝光比，哪怕你按照"单位成本曝光量"这种算法来算平均值也不行。因为，在一定的预算基数下，传播的状况会发生规模效应，这不是小规模的营销活动能形成的，就算按照每单位成本的曝光量来计算也是不公平的。

....

综上所述，如果总结一下，那就是：请保证你选择参照物作对比的时候，最好只有一个变量，并且背景和计算方法尽量保持完全一致。

营销目标的数据解构无疑是一件复杂的事。在营销领域，往往最重要的事情，用数据分析起来也最复杂。但从另一个角度讲，正是因为这些工作的意义重大，而营销环境又十分复杂多变，才更应该谨慎对待。

第三节　日常数据反向优化决策

一、用数据为工作做"元认知调解"

前面讲了用思维模型帮助抓住关键问题，以及如何通过找准目标、科学制定 KPI 体系来提升商业效率。这一节我想单纯从数据分析的角度出发，讲一讲日常数据也可以帮助企业提升效率。

在日常工作或项目进行的过程中，虽然大方向和执行计划已经确定了。我们依然可以通过对工作实时数据的监测，来不断对策略进行优化调整。

人类的元认知能力可以通过数据更好地实现。

元认知（Metacognition）是一个心理学概念（见图 6 - 16）。1976 年，美国儿童心理学家弗拉威尔（J. H. Flavell）在其出版的《认知发展》一书中提到这个概念，指个人对于自己认知过程的认知和控制。

图 6 - 16　元认知是对认知的认知

人类正因为有元认知能力，才得以不断了解、检验、评估和调整自己的认知和行为，在旧有经验教训的基础上越做越好。

其中，调整的过程叫作元认知调解。即对认知活动结果不断做出检查。如发现问题，则采取相应的补救措施，根据对认知策略的效果的检查，及时修正、调整认知策略。

这就是在日常工作中也要好好做数据分析的意义。

日常要怎么做数据监测分析呢？

日常数据分析的过程有四个步骤，分别是：采集关键数据、分析数据找到问题、优化执行策略和做出相应的调整。这个过程其实就是第一章里提到的数据在工作中的四类作用。而且，如图 6 - 17 所示，它应当是一个闭环。

图 6 - 17　数据优化过程

以一次产品推广活动为例。首先，不能等到活动结束再看数据。而是要在过程中就实时观察整理各项关键数据指标。然后，通过分析活动数据，观察用户对活动的反馈，判断有没有偏离营销目标，思考有哪些需要补救和调整的地方，如何进行优化。其次，即刻进行调整优化。最后，等待新的数据形成，判断优化的方向是否正确，也就是进入了下一个新的分析循环。

这样循环往复，不断重复着向前推进。它最大的好处是，这样一来，企业没有把全部的砝码都只压在方案上，安全系数大幅提高。因为，再好的方案也不能百分百预测活动执行中会发生的问题。

在常规的日常工作中，数据分析也可以提升商业效率。

兰蔻公司原本在各个国家的官网布局都是一模一样的，但后来，中国区的官网布局被建议做了改动。当时，负责中国区官网数据监控的数据公司——国双科技在监测过程中发现，当时用户的页面停留时间不理想，于是监测了一段时间内兰蔻官网上的"用户鼠标点击热力图"（见图6–18）。

图6–18　兰蔻中国官网的用户鼠标点击热力图

热力图，是以特殊高亮的形式显示访客热衷的页面区域和访客所在的地理区域的图示。热力图可以显示在页面上那些没有按键、不可点击的区域发生的事情。如果用户经常点击那些不是链接的地方，也许你应该在那里放一个链接。比如，如果你发现用户总是在点击某张产品图片，在热力图里就会形成高亮区域。你需要注意，他们也许想看大图，或者是想了解该产品的更多信息。他们也可能会错误地认为这张图片就是导航链接。你需要相应地做一下优化。

如图 6-18 所示，用户的鼠标点击除集中在导航栏外，还主要集中在左侧的竖栏中。而左侧在当时除一个大幅的广告界面外并无其他内容。相反，放置了很多促销及购买信息的右边侧竖栏的点击情况却远不如左侧。这同国人的阅读习惯有关，中国人更喜欢从左往右阅读，而国外的一些国家不是这样的。

于是，经提议，兰蔻将中国区的官网左右栏对调，改成了现在的样子（见图 6-19）。不要小看这个小小的改变，用户的停留时间和购买情况立刻有了明显提升。

图 6-19　优化之后的兰蔻中国官网

二、看执行数据如何力挽狂澜反败为胜

讲一个我操盘的案例。

当时，我的一个科技行业客户，花了两千多万元，赞助了湖南电视台一档为期两个月的音乐类真人秀节目。由于湖南电

视台是国内排名领先的综艺类大台，赞助费十分高昂。两千多万元也只能申请到二级赞助商。当时的一级赞助商是国内的头部乳业集团。

这个赞助项目的前期规划另有团队负责，我们团队在节目开始后才介入，主要负责的工作是在节目播放的过程中，在网络平台做营销推广。

客户赞助这档节目，是为了在年轻人中推广他们新出的一款手机。手机的卖点是其核心配件功能强大，因此性能卓越。

从历史表现看，电视台的同类节目一直十分突出。虽然赞助费高昂，但是由于节目火爆，冠名商总能收获颇丰。而且这一次的节目，无论是从主持人及导师阵容，抑或是电视台各方面的投入来看，都非常令人满意。因此，大家都乐观地认为，这是一次很难失败的赞助项目。

但是，计划没有变化快。

节目一经上线，网络上瞬间骂声一片。先是批评导师阵容，又批评主持人的临场能力，然后批评剪辑师，批评参赛选手的水平，当然也批评冠名商，讽刺冠名商"眼瘸"或者同情冠名商"花钱又挨骂"。客户虽然不是一级赞助商，但由于品牌形象一直非常好，比首席赞助商挨的骂还多。

网友说："真没想到你堂堂 XXX，竟然赞助了这么一档节目。"

类似言论络绎不绝，从客户到我们真是头大如斗。怎么办呢？先好好做数据监测吧，然后兵来将挡水来土掩。

迅速收集网络声量进行舆情分析后，我们不幸地发现，网友对于客户品牌的负面言论占比已经超过 50%。也就是说，如果有100条同时谈到节目和品牌的评论，50条以上都在骂。当然了，纯骂节目的更多，但这安慰不了我们。

基于这样的情况，我们必须把之前做的营销计划全部推翻重做。代价很高，所有已经做好的海报、内容基本全要放弃掉。节目是周播，留给我们的时间可以说是按分钟计算。团队所有成员开始马不停蹄地连轴工作。

之前的营销计划在设计时是基于一个前提的，那就是这个节目一定会大受欢迎。因此设定的KPI也主要集中在曝光量这个维度上。但是按照舆情数据的结果来看，由于负面评论太多，很多观众脱粉，节目的关注度在迅速下滑，这个态势短期也不会有明显改变。希望借势节目，为品牌获得当时设定的曝光量并不现实。

因此，我们迅速制定了如下调整计划：

1. 关于监测：调高舆情监测的反馈频率，从每天一次反馈变为每15分钟反馈一次舆情，即时了解网民的态度，遇到危机及时处理；

2. 关于推广方向：放弃之前对"品牌赞助该节目"的宣传方向，转而重点宣传品牌新手机的"核心功能强大"；

3. 关于借势：放弃之前简单粗暴借势节目影响力的方式，转而寻找节目中同新的传播重点"核心功能强大"高关联度的节目热点，并寻找相关的社会热点，重新借势；

4. 关于KPI：将KPI从高曝光数调整为高质量的用户互动内容；

5. 关于推广平台：将主要针对单一高流量社交平台宣传的原计划调整为多个平台同时联动，加入一些以内容深度见长的平台。

…………

调高监测频率的意义不用赘述。推广方向的调整则直接决定了其他内容的调整：

在这次赞助中，本来的计划是，通过借势节目的强大影响力，先解决新手机知名度的问题。未来再通过其他方式进一步影响用户，逐步转化到购买。从用户之旅的角度看，原本只想通过赞助节目达成第一步"知晓"，也就是让更多用户知道这款产品。所以营销的重点是：影响面要大，也就是提高知名度。影响深度不用追求。

但这一档节目的影响力大大低于预期，如果还是照旧借势，效果一定不好。节目的负面评论也会连累新品的形象。因此，我们决定放弃追求高知名度的初衷，而是针对特定目标用户群体加大影响深度，向用户之旅的下面几个阶段延伸。令用户在知晓产品之后还对产品产生兴趣和研究的欲望。营销的重点变成了基于目标用户的传播深度。

于是，我们转变了策略，也调整了KPI，变成针对目标用户多角度、深入的内容传播，并把宣传重点调整成了——强大的内心。

"强大的内心"是品牌新产品"核心功能强大"的拟人化表达，也是该节目的现存用户停留的主要原因——很多参赛的选手虽然其貌不扬，身居社会底层，多次被周围人轻视，是名不见经传的小人物，但大家之所以还在不断追求梦想，是因为有一颗"强大的内心"。而这种品质，也是很多核心选手被粉丝喜爱的原因。

实时监听节目相关的舆论声音后，我们用数据挖掘出了大众心中公认的具有"强大内心"的几个参赛种子选手。然后结合新品特征和每一个选手的性格和故事，重新设计以"强大内心"为主题的推广海报。

同时，为了引发大家对于这个话题的参与热情，我们跨界找到很多同期跟"强大内心"有关的社会性热门话题。例如，在影视领域，热播电视剧《甄嬛传》的主人公具备"强大的内心"；在体育圈，当红球星科比也具备"强大的内心"；在动漫圈，动漫剧《名侦探柯南》的主人公也具备"强大的内心"……

虽然节目本身的影响力变小，但是我们以"强大内心"为核心关联点，在节目影响力的基础上，创造了一个跨界更多、范围更广的主题。

为了激发大家的讨论热情，我们在文艺青年聚集的豆瓣平台，针对豆友专门增加了征集"强大内心"的主题海报活动。大量豆友发来了用我们的小程序做的原创海报。这些内容，在授权后又变成了品牌的营销内容，在多个社交平台发布，吸引更多人参加活动，形成了连锁反应。

这次赞助推广的两个月，最关键的工作就是数据分析。我们原先的想法很简单：帮助品牌尽量避免受到节目负面的影响，争取不要让两千万元赞助费亏得太狠。但当看到最后的效果数据时，却吓了一跳。

不但我们重新设置的互动量（依照业界均值水平设定的目标数据）的 KPI 超额完成了近 10 倍，甚至连之前被我们放弃的那个高曝光量的 KPI 也超额完成了 1.78 倍。从整体声量的情感值来看，负面声量的比例几乎已经看不到了。整体数据甚至比首席赞助商还好。

分析一下这个跌宕起伏的案例①，背后的操作手段就是"采集→分析→优化→调整"四步循环。大家不要觉得"方案都已经通过了，好好按照方案做就完了，我只是个小小的执行人员，起不到什么大作用"。对于所有的营销工作来说，执行过程都是可以反哺策略的。每一个小执行都可能是未来的大策略。

小结

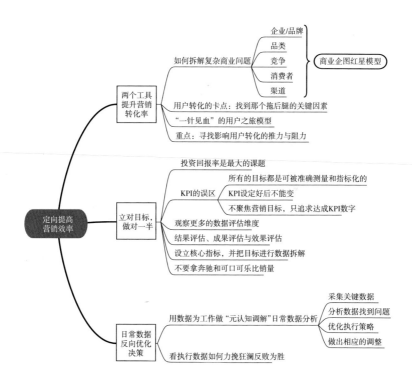

----

① 为保护厂商权益，本案例在不影响正文的基础上，对很多内容做了模糊处理或改动，请勿对号入座。

以上就是本章的全部内容。著名广告大师约翰·沃纳梅克曾经说过一句经典的话——我知道我的广告费有一半浪费了，但遗憾的是，不知道是哪一半被浪费了。大家都希望减少投放浪费。虽然我们无法做到完全不浪费，但可以通过一些好用的工具和方法来不断优化投入产出比。

全面地思考和分析问题、快速找到关键制约因素可以提高营销效率。你可以尝试使用本章谈到的两个经典模型：帮你拆解复杂商业问题的商业企图红星模型，以及帮你迅速找到用户转化卡点的用户之旅模型。

立对目标、科学地制定 KPI 体系也可以帮你提高营销效率。目标如同海上航行时看到的灯塔。好的 KPI 体系则可以在执行过程中不断提醒大家：什么才是最重要的任务，我们现在完成了多少。

最后，不要小看工作过程中的执行数据，它可以反向优化策略。方案的好坏并不能决定最终的效果，再好的方案也无法预知在执行过程中会遭遇什么。不那么亮眼的方案也可能会有亮眼的成绩。在工作过程中不断收集、分析、优化、调整数据常常会起到很关键的作用，能将一个原本平平无奇的项目做得出彩，甚至能力挽狂澜，将一个大家都不看好的项目做到最好。

第七章

商业分析的道与术

　　我大学学的是电子信息，属于计算机学院。虽然学过一点编程，但由于毕业后工作中没有应用场景，编程知识早早就还给了学校。一个既没学过商业统计专业，也不是数学专业科班出身的人，后来却在奥美集团负责数据营销部门，再后来又成立了工作室。这可真是不走寻常路。

　　事实上，在这个分工合作的世界，很多传播公司和企业的数据部门非常精巧，并没有多少员工。他们不会雇佣大量的数据挖掘和算法工程师，也不做数据产品，只保留一些基本业务层面的数据和商业分析师。如果涉及复杂的数据挖掘和分析处理工作，会外包给第三方公司，这比自己养团队要划算得多。而且术业有专攻，对方团队会更专业。

　　他们的分析师可以不懂编程，但要很懂业务，也要具备一定数据分析的能力和眼界。也就是说，要能看懂数据公司的文件，也能与后者准确沟通分析需求，能一起参与最后的分析环节。这份工作意义重大，它像一座桥梁，打破了需求方和供给方的认知障碍：企业方有业务但又不懂数据，数据公司有技术但又不懂业务，所以常常对不上频道。这就需要两边都懂的商业分析师来从中整合连接，让数据分析的价值更大，让企业的问题得以良好解决。

这是在企业和传播公司的商业分析师和数据公司的不同。

在商业分析领域，有一些你想象中的"拦路虎"其实只是"纸老虎"，有一些你看不上的小细节，却会影响最终的结果。

第一节　数据营销部"空手套白狼"

有的时候，尤其是一些做传统行业的人，会对商业分析有畏难情绪。一些在这类企业工作的年轻人，自己想学，想操盘，也想要试着分析一些业务问题，但会有些担心。

感觉数据分析是个专业性很高的工作，我不会编程可以分析吗？

想要找数据公司买些数据服务，但不知道效果好不好，感觉很难跟上司提出合作要求。

就算部分工作可以交给第三方数据公司来做，费用会不会很贵？

一个数据"外行"可以很好地和数据公司合作吗？

想学，但感觉很难。也许就算眼睛学会了，手还远着呢，毕竟"知道"与"做到"之间，常常隔着一个"太平洋"。不知道什么时候才能出师？

…………

很多顾虑其实大可不必，先做起来，你会发现一些问题没有想象中那么可怕。

一、没钱、没手下、没业务的"光杆司令"

给你讲一个我当初"单兵作战"在奥美集团发展数据营销部门的故事。

那个时候，大数据的概念刚刚兴起，在很多公司还没有反应过来大数据跟自身业务的关系时，时任奥美北京集团董事总经理的宋磊先生找我聊了两次他对"数据改变营销行业"的判断，打算成立一个"数据营销部"，并问我愿不愿意去负责这个部门。我们都深信数据对行业的价值，但成立这个部门，执行层面存在一个很现实的难题：工作内容是什么？

当时，并没有同行成立类似的部门，国内同国外的媒体和市场环境也都差别很大，"数据咨询部到底提供哪些具体服务"是没有参考答案的。同时，奥美集团作为一家以品牌建设为人所熟知的综合营销代理商，自身并没有强大的数据技术团队。

也就是说，就算相信数据对营销业务是有价值的，但是如何切入具体的业务？有哪些服务内容？去哪里获取数据？要获取哪些数据信息……这些问题都是混沌状态。面对这么多未知，一个崭新的"数据营销部门"要如何面对集团内的几千名不同业务线的同事，甚至对外面对企业呢？总不能向大家自我介绍说："大家好，这里是新成立的数据营销部门，当遇到业务问题，需要数据分析的时候，大家可以来找我们。"

什么样的问题可以去找你们呢？你们的服务内容有介绍吗？你们有什么成功案例吗？数据来源是什么呢？

可想而知，如果真的这么大张旗鼓地介绍出去，一定立马会被这些问题狼狈地打回来。尤其是奥美人整体优秀，大家在自己的岗位上本来做得好好的，突然横空跳出一个人说："你们遇到工作问题可以来找我帮助哦!"

"你谁啊?"大家心里可能都会这么默默吐槽吧。

而且，由于业务不明，公司也没有办法给我配人员和配预算。毕竟总得有个业务才能批人批钱。也就是说，接手这个新部门，我手上没有钱、没有人、没有任何数据公司的人脉，也不知道部门未来能干吗，可以说是两眼一抹黑。

但我还是接了这个挑战，从"光杆司令"开始做起。既然大势很好，有机会就尽力试试看。

两个月之后，我的通讯录增加了很多新同事，比之前工作四五年累积认识的还多得多，公司邮箱也陆续收到不少寻求合作的邮件。数据营销部可以说没有遭遇低潮，就顺顺利利地开张营业了。

这是怎么回事呢?

当时，部门面临的局面，总结一下，有3个"不确定"。

一是工作方向不确定：集团里服务不同行业、不同类型企业、不同类型业务的部门很多，数据营销部要怎么与大家合作，首先从哪个方向做起呢?

二是缺乏合作资源：由于公司并不拥有数据，想要获取数据就需要同数据公司合作，但谁都不认识，也不知道可以怎么合作。

三是产品内容模糊：咨询服务也是产品，可以提供什么样的产品呢，什么形式，怎么交付，又怎么收费? 这些谁也不知道。

厘清问题后，我整体了解了一下当时公司各个业务团队的工作内容构成和利润分布，知道基于各大社交平台的内容运营是成长很迅速的业务。有需求的地方必然有市场，"基于社交平台的数据服务"便顺理成章成为第一个测试的方向。

当时，微博、微信、人人网是各大品牌传播的必争之地，就如同现在的品牌和 MCN① 机构都在往短视频平台发力一样。奥美很多的业务团队都在上述平台为品牌提供内容营销服务。但是内容效果好不好，粉丝的质量如何，传播的影响力大小等，都还没有统一的标准，大家也没有定期监测数据的习惯。这很正常，那个时候这些社交平台也处于发展的早期。

确定这个方向之后，我就开始用搜索引擎大搜一通，拉出一个列表，把北京的数据公司按照成立时间、规模和公开信息里能看到的服务内容整理了一遍。然后从成立时间最近、规模最小的公司开始，一个个倒序打电话和拜访，一直打到规模最大的那个为止。

电话内容大概是："你好我是奥美集团数据营销部门的负责人王泽蕴。现在是大数据时代了，我们在服务企业的过程中发现，数据分析越来越重要，所以特别成立了这个部门（先给部门戴个高帽，虽然部门当时就我一个人，但好赖是个部门）。我们会先从服务现有合作企业开始，尝试用数据分析来做一些业务合作。打这个电话是希望了解一下贵公司的数据服务内容，看看合作的可能性。"

我一开始也是忐忑的，但打起来发现，事情比想象中容易

---

① MCN（Multi – Channel Network），即多频道网络，一种多频道网络的产品形态，是一种新的网红经济运作模式。

得多。托赖于奥美的品牌名气，以及营销数据分析业务正是处于蓬勃发展的初期阶段，大家都高高兴兴地跟我交换了联系方式，并且把公司介绍、成功案例、产品试用账号统统打包发了过来。

其实，不管来电的是什么公司，提出这样的要求对方都不会拒绝的。发个资料包又能损失什么呢？而且，这些数据公司也都各自在努力着，希望在这个大数据时代快速积累影响力。他们也都希望自己的产品可以更多地被企业看到和使用，他们也在产品优化迭代的过程中。

从最小的公司倒序打电话，并非看不起小公司的意思，而是考虑到一个现实的原因：小公司的"容错空间"更大。一开始，我对于对方可以提供怎样的服务内容、怎么合作都一概不知。就算在营销行业已经工作了很多年，数据分析介入之后能够达成怎样的结果，我也不知道。我会担心自己的问题不专业。

"大公司的业务量更大，对接人也许更忙，如果因为问题不专业影响到合作，甚至影响到奥美的形象就不好了。小公司可能自己也在摸着石头过河呢，耐心也许会更好些？就算我真问出了什么蠢问题，可能也不会上升到'你这么大的公司，怎么数据部的负责人问出这么蠢的问题'这种层面吧？"

这是我当时的想法，就算部门当时正式员工只有我一个人，也是要好好维护奥美的形象。

后来发现我是多虑了。因为不止小公司，大公司当时也在摸着石头过河，苦于找不到品牌合作"练手"呢。更重要的是，作为业务方和数据的需求方，不懂数据技术太正常了，对方并不需要你在数据上专业。而且，数据公司也不太懂很多真实的业务场景和需求，我们相互都在问对方"蠢问题"。

对话常常是这样的：

我："哦哦原来你们是这么收集数据的……原来你们计算这个数值的时候考虑了这些因素啊……你们还能提供这些维度呢真厉害……"

对方："哦哦你们想知道这个啊……是吗？这个数据维度对你们不重要啊？我还以为挺关键呢……我这还有一个产品呢，你能不能看一下啊……"

后来，每次当学员或来访者问我说："老师我不好意思去联系数据公司，担心自己不够专业，担心对方很贵。我要是把需求提过去，不知道对方会不会嫌弃这个需求太小，也不确定对方说的话我能不能听懂。"

我都会坚定地告诉他："放心，不会嫌弃你，去打电话吧。"

如果这个需求已经到了让你手足无措，想要花钱找外力的情况，对方不会"看不上"，因为这一定是个影响到业务走向的"真需求"。你不需要在数据分析上"专业"，也不需要了解数据是怎么抓取、怎么清洗，产品的算法是什么。就像在餐馆点一个"佛跳墙"，你甚至不需要知道"佛跳墙"里都有啥。面对数据公司，你只需要说清楚自己遇到了什么困难，想要解决什么问题。然后大家一起想想办法就好了。

至于价格，由于数据技术的"壁"横在面前，大家也容易有"高预期"，心想："看起来很难啊，那应该很贵吧。"

实际上，很多产品或业务没有想象中的贵。退一步说，就算预算少，也有解决办法。就如同买衣服，几万块钱的衣服能买到，几十块钱的衣服也是有地方能买的。

如果你的公司没有数据团队，需要同第三方公司合作，我的建议是：大批量地同数据公司进行相互了解。

当时，我联系这些数据公司用了一周左右，每天都会收到业务资料和产品试用账号。我如同海绵吸水一样，迅速掌握了数据公司可提供的服务内容及所长。再结合对奥美业务部门日常工作的了解，很快就找到了可以试水的数据服务方向：给做社交平台内容营销的团队提供数据分析周报，解决大家两眼一抹黑做内容的问题。也就是：数据化呈现内容团队的工作效果，例如，针对微博平台，分析每周新增粉丝的数量和质量，什么样的内容影响力大，分析背后的原因，给出优化建议等。

但是，如何让奥美的同事愿意购买这些数据服务呢？部门刚成立，我没有成功案例，连手下都只有两名实习生。购买数据可是有成本的啊。

俗话说"上赶着不是买卖"。如果拿着这些数据公司的产品介绍跑去各个业务组负责人那里售卖，对方的心情，大概如同在街上被当头来一句"游泳健身了解一下"吧？

于是我找到他们日常工作中的一个常见需求点：对实时热门事件的兴趣。

当时，新浪微博热搜榜是企业做内容营销的"风向标"，且尚未商业化。很多内容因为创意突出，上了热搜榜而迅速蹿红。大家都对于这些热门内容背后的逻辑很感兴趣，也希望自己可以"借势"部分内容的热度，以小成本撬动大影响力。却难以找到对于这些"实践"的分析内容，只能自己胡乱研究。

我就给当时主攻微博数据的几家数据机构打电话，问他们愿不愿意通过这样的合作来提高一下自己的影响力，以赢得未来的合作机会。

合作方法是：通过他们的数据监测，提供给我当周热门内容及上升潜力大的三个事件，尤其是品牌可以介入共同创作的事件，像"陈欧体""凡客体"这种。然后我从中圈定一个主题，对方提供背后的数据，我将数据做成可视化的分析报告，并把报告通过奥美集团内部邮件群发给公司所有的业务团队成员。

这个合作虽然没有费用，看起来是"空手套白狼"，但对方并不会误解我在占便宜。因为这些内容并没有特指某个企业，是非商业化的内容。基于原始数据做的营销分析和可视化报告都是由我完成的，群发给公司内部所有人的邮件内容也毫不掺水。这对他们来说是一个很好的展现自身实力的机会。大家都很愿意合作。我便每周挑选一家数据公司合作报告，然后群发邮件。

效果是立竿见影的。这个"钩子"正中大家的下怀，第一封邮件发出的第二天，来自雀巢组和英特尔组的同事就给我打来电话，想进一步了解一下这份报告，并问能不能让我去给客户也分享一下。

就这样，我连续一个多月每周制作一份当周热门事件分析报告并发给大家。数据营销部的局面火速打开了，很快签下了两个长期的数据周报订单，也可以扩员招人了。

在后面的几年里，部门逐渐新增了不少业务，比如品牌定位、竞争分析、营销评估体系搭建、用户洞察与画像、代言人及赞助评估等。但背后的逻辑都是一样的。

（1）发现各团队在日常工作中的需求点（这有赖于我一开

始在免费提供热点分析报告时累积的好人缘）；

（2）判断该需求的普遍性和重要性，即是不是很多人需要，以及大家有多需要，也就是对业务的帮助有多大；

（3）基于该需求，找到所需的数据公司，熟悉对方的产品和优势；

（4）把每个项目都当成一次新的"研发"。因为数据固然重要，更重要的是如何看待和分析这些数据，如何真正帮助到业务并且在执行层面可以落地。为了完成这个核心目标，做事不能被"框架""模板"束缚住。在精力和费用允许的情况下，也要毫不吝惜力气。

在这套工作方法下，几乎我经手的每一个项目都很受好评。我深知自己资质一般，但只要你真正希望帮助对方解决问题，而不是只把咨询当生意，大家都能感受到。项目的结果也会给你好的反馈。

二、有需求的地方一定有路

后来，部门逐步形成了自身的优势，我也慢慢摸索出了新的思维模型：以目标用户洞察为目的的"用户画像 3C 九宫格模型"和以帮助企业科学选择代言人和赞助内容的"SPIDER 模型"。尤其是前者，在我离开奥美集团的前两年，已经成为部门营收数据最漂亮的咨询服务和项目类型。

这些业务的形成背后，有一个很关键的点，即价值为先，不给岗位设限。

以"用户画像"这条业务线为例。这条业务线最开始是源自我们部门接到了问卷调研的订单。不像尼尔森这样的企业以调研为人熟知，奥美一直以来在大家心中都是做"品牌"的专家。大家想要做调研，第一反应也不会是找奥美。

那么，我们的调研业务是怎么起来的呢？

这是源于，我有一段时间总能收到一些业务团队在邮件里群发的调研问卷，通常是在项目比稿期或者是想方案想不出来的时候，需要了解一下大家的想法或者市场的声音，于是做了网络问卷。

每次收到，我都会认真填写。然后就发现：这些问卷，还是有较大的提升空间。

问卷质量一般，这能理解。大家毕竟不是科班出身，调研又不是他们的专营业务，这是他们为了让手中的工作做得更好而额外做出的努力。

但问题是，把调研做好，对于大家的工作帮助大吗？

可以说是巨大。

其实每一位营销人，每一位产品人，每一位运营人，每一位设计，每一位策划，都要懂一点用户调研。这不仅是尼尔森的工作，也是大家都应该掌握的基础技能。因为这些岗位的终极目的，都是帮助品牌和产品与用户建立更好的关系，让产品卖得更多和卖得更好。

当做营销计划的时候，不需要先去了解目标用户是谁，他们在哪，他们的阅读习惯是什么吗？当做产品计划的时候，不需要先去了解用户的生活方式是什么，他们想要怎样的产品，要解决怎样的需求吗？当做设计的时候，不需要先去了解用户的审美和内心的痛点吗？

我的同事也知道调研很重要。所以就算不是科班出身，也没有客户要求，他们依然尽力做了问卷，就是质量不太高。

我就去找了我的上司宋磊："我打算找尼尔森来公司做一下问卷调研培训，你觉得怎么样？"

他很痛快："这个主意很好嘛！你可以做，但我没预算给你。"

"……没预算怎么可能来，人家做生意又不是做公益！"

"你觉得一次培训能让大家学会调研吗？不能，这是件长期的事儿。调研是很重要，但现在我们主营业务里没有调研，也不可能长期在自己的业务里嵌入一个第三方的调研公司，这个成本太高了。如果用其他业务部门的利润来扶持这一条业务线，你认为业务部门的人愿意吗？这可是个很大的动作。"

"……你说得对。但你觉不觉得调研很重要，大家真的需要学一下？"

"我觉得重要，但没有预算请调研公司来做普及教育。"

"那行。我自己来做这个培训怎么样？"

他当时非常惊讶，看我半天："你要是认真想做，我让首席培训长支持你把这件事落地。但是现在社交平台的数据服务项目把你们部门的人力都占满了，你要是想自己做这个培训，不能占用工作时间，不能影响现有业务。"

"行。"

就这样我给自己多找了活。背后的想法很简单：需求在的地方，就是价值所在。部门当下挣钱的业务，最初不也是跟着需求走才找到的吗？所以不能迷失在什么工作挣钱就去做什么工作这种惯性里。要一直跟着需求走，早晚钱也会跟着来。

公司里那么多业务线上的同事，大家的调研需求都要给尼尔森做吗？没有调研公司，没有费用预算的时候怎么办呢？大家可以自己学着做一些简单的调研，如果有需要，也可以找我们部门来合作。

我看见了需求，种下善因，能长成什么样的善果就随缘。

一个月之后，我做了第一次内部分享——《给每一个营销人的问卷课》，并通过邮件开放给同事自由报名。当天，培训间坐满了人，第二天又陆续收到了一些同事的邮件，问"什么时候可以再分享一遍吗？因为去开客户会错过了这次培训"。第二周，我们部门接到了第一单调研业务，牵线人就是其中一位听分享的同事。

我做咨询的时候，有时会听到这样的抱怨："我知道这件事很重要，但这不是我们岗位的事儿啊！我也无能为力。"

我都会问对方："你甘心让自己的价值被一个岗位困住吗？"

岗位有时候是个枷锁，让人不愿意深思，也不愿意负责。

2017年，奥美集团推出了"One Ogilvy"改革计划，集团旗下十几个分公司合并成一个整体。这个举措对于奥美集团这样体量的庞然大物来说，如同让大象转身，组织架构的调整，内部资源的打通，不同公司工作方式的碰撞磨合，利益的重新分配……这使得所有的奥美人都经历了比想象中更多的动荡和不确定。

之所以要克服万难坚持"一个奥美"，是为了打破业务类型的枷锁，提供给企业"完整的业务方案"，而不是广告需求去找奥美广告，公关需求去找奥美公关……为了解决一个业务问题要跟五六个公司签合同，各自的方案之间还存在信息鸿沟。

对于企业来说，他们的业务问题是一个整体，比如品牌影响力弱、产品卖不动、目标用户不清晰等。不论是用广告手段解决，还是公关手段，或者做个线上营销活动、找个代言人，抑或这些手段都用，目的只有一个，就是解决自己的业务问题。而如果一个公司只做广告，另一个公司只做公关，面对这样的需求，大家往往就会用自己擅长的方法去解决问题，而不是用对企业来说最合适的方法。这就是"屁股决定脑袋"。

随着数据时代的到来，数据可以打通不同的业务线，用户的转化路径就算跨不同的平台，也可以清晰地呈现。在这样的环境下，传统地按照广告、公关来划分业务就变得越来越掣肘。所以奥美集团才会坚定做出改革。

一个如此大体量的集团都要突破公司结构对业务需求的限制，我们每一个个体，难道要被区区一个岗位控制住吗？

如何更好地使用数据？

不要用岗位给自己设限，数据是没有岗位界限的，企业的需求也没有。

我前面提到的用户画像业务，就是最早从一个没有预算、不能占用工作时间的内部培训开始的。没有领导授意，也不在当时部门的业务范畴里。它的价值标注在每一个真实企业需求的背后。

三、完美不重要，持续才重要

企业成功最重要的是什么？

1. 做正确的事而不是把事情做正确

选择做什么事会比接到任务后兢兢业业把任务做好更重要。这就是为什么说"不要用战术上的勤奋去掩盖战略上的懒惰"，也是为什么老话讲"男怕入错行"的原因。选择一个不适合自己的行业，或者选择一个夕阳产业，就算个体很聪明优秀，结果会远逊于找一个适合你的好行业。

商业分析里最重要的第一件事就是：帮企业做对的决策，而不是企业提了一个要求，我只是帮你把这个要求兢兢业业地落地（有的时候，企业提出的需求并不是真正的需求或者核心问题）。

2. 持续做下去

这点听起来容易，做起来很难。需要克服两个心理障碍，第一是对自身的不自信；第二是对正反馈的"急功近利"。也就是"不能做到完美就不能开始"及"遇到一些挫折或者没有正面反馈就妄自菲薄或轻言放弃"这两种心理。

先说"完美主义"这种心态。

我从 2015 年开始在奥美的工作之余，面向个人用户开放面对面的商业咨询服务，也一直在对外提供培训和相关主题的分享。这么多年来，见证了很多学员和服务对象的变化。部分人在咨询或课程结束后，内心很认可听到的内容，并且怀抱着详细的咨询笔记或录音离开。但定期跟踪的结果表示，他们并没有很好地落地，而是浅尝辄止，做了一些尝试就不继续了。

"担心自己经验不足，分析出来的结果不够专业。""虽然我已经知道怎么操作了，但是觉得这是个专业领域，是不是还是找专业人士来做才行？然而太贵了，要不还是先等一等吧。"……他们是这么想的。

商业顾问确实需要长时间的持续工作和能力积累，非常符合作家格拉德威尔在《异类》一书中提出的"1 万小时天才理论"——"人们眼中的天才之所以卓越非凡，并非天资超人一等，而是付出了持续不断的努力。1 万小时的锤炼是任何人从平凡变成世界级大师的必要条件"。

跟其他很多"越老越吃香"的行业一样，这个行业厚积薄发、成熟期长，人才能力的成长呈下面的态势（见图 7 - 1）。

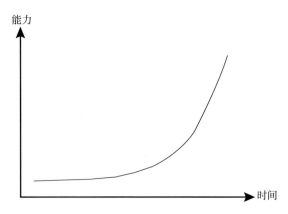

图 7 - 1　人才能力成长路径

但如果怕分析错、怕分析得不够深入就不做了，世界上就不会存在这个岗位了，因为人人都是从分析得"七零八落"开始的。分析的过程出现纰漏甚至错误是非常正常的事情。不幸地为错误的结果买了单也很常见。但如果不去做呢？你会收到一份来自市场的更高额的"账单"，这是因为关键决策失误产生的代价。

而且，世界上并不存在一份 100 分的分析报告，只有"相对好"没有绝对意义上的"完美"。因为市场环境一直在持续不停地向前发展变化。环境总在变，且谁也无法真正掌握全部信息，"理论做到完美才能开始实操"是不现实的事。就像在医院看病，最完美的做法一定是全身上下、里里外外全部查一遍，再结合患者的家族遗传史、生活方式等所有相关的信息，然后全盘分析一遍，得出一个结论：你感冒了，给你开点感冒药吧。

这样虽然最科学，不会遗漏关键信息，不会误诊，但效率太低了，一个医生一天看不了几个患者。患者的看病成本也太高，治一个小感冒得花出去几千块做检查，实在没有必要。医生都是通过局部信息来诊断的，可能测一下体温就开药了。这一定会发生经验浅的医生因为遗漏关键的症状，从而误诊的情况。比如其实是胃癌，但当胃溃疡治疗了。

商业分析也是这样的，都是通过局部信息来进行对整体的判断。有出错的可能性，大家努力精进就是了。不能因为怕出错就不去做了（如果真的遇到很重要的决策点，你担心自己分析出错，可以去外部找厉害的顾问）。不管三七二十一先开始做，然后不断通过效果反馈来优化，追求向最优无限趋近，才是靠谱的做法。

而且，就算大的发现由于能力局限当时做不到，小的发现就没有价值了吗？

数据营销部刚成立的时候，做的热点事件分析报告放在现在来看，真是非常浅显，使用的分析工具和方法也很初级。没什么了不起的洞察，甚至有些观点还带着一定的"主观性"，可以说很不专业。但在那个时段，对于那些对数据好奇又不明所以的同事来说，很多人就是因为看到了这些"弱弱"的分析，开始陆续带着具体的问题找了过来。

不用去追求颠覆性的、惊人的大发现。保持这样的想法，就会常常感到失望。因为在大的洞见产生之前，必然先经历很多个小的洞见。而且，小洞见也有价值。

有一回，我们看到一条关于周杰伦唱歌的内容浏览量高达几万，但是这条内容底下，用户的评论、点赞行为却只有两位数。为什么看的人这么多，大家却不互动呢？发现了这一奇怪的现象之后，我们进一步去研究，发现原来是出了一个"小乌龙"。

这条内容在呈现周杰伦歌曲的时候，内容团队嵌入了一条短链接，需要用户点进去才能看到。很多喜爱周杰伦的网民于是兴冲冲地点进去，结果发现链入的是一场长达 3 个小时的演唱会的视频节目，周杰伦只在中间唱了一首 10 分钟的歌……大家顿时觉得生气："我只想听杰伦唱歌，你给我整台演唱会的视频是要闹哪样？于是关闭视频走人了。

这个发现虽然小，给出的建议却实用。内容团队立刻回去将视频剪短，只保留了周杰伦唱歌的内容，然后重新发出，问题就解决了。

日常内容的优化，就是这么一点一滴累积起来的。

再说"耐心不足、轻言放弃"这种心态。

"尝试着分析，但因为水平有限，分析的结果有问题导致被客户责骂，所以干脆不做了。""做过两次问卷调查，但是没有分析出什么令人眼前一亮的结论，所以放弃了。"这些想法很常见。

正反馈当然是很重要的，人人都需要正反馈的激励。所以大家很喜欢玩网络游戏，轻轻松松几个动作就可以快速升级，正向的激励会吸引大家继续投入时间和精力。

但真实的世界不是这样的，大家的分析面对的是真实、复杂、多变的市场，理想状态下的循环是：做了一次研究分析→

收获肯定、影响力提升→收到更有价值的工作→收获新的肯定，能力精进提升，然后循环。

但真实情况常常是这样的：

做了一次研究分析→结果平平无奇，受到上司/客户批评或无视→又做了一次研究分析→结果平平无奇，上司认为你普普通通，但你有一些新发现或新想法，打算下次尝试一下（循环多次）……收获肯定、影响力提升→又做了一次研究分析→结果平平无奇，上司认为你也就这样了，但你有一些新发现或新想法，打算下次尝试一下（循环多次）……收获肯定、影响力提升→收到新的工作……不断循环。

能力是在这样一个过程中慢慢提升的，要做好"延迟满足"的心理准备。虽然开始时难免煎熬，只能提出一些"鸡零狗碎"的小建议，但路会越走越宽，因为方向是对的。

总结一下：

（1）万事开头难，放下心中各种担心和"思想包袱"。你可以先从给数据公司或其他第三方合作机构打电话开始，大范围进行合作洽谈，了解他们能为你带来什么价值，可以一起做什么尝试，给自己更多的选择，也听听对方的需求，尝试多角度的合作。哪怕最后只是付钱购买服务，了解得越多，你也更清楚要不要合作、怎么合作。

（2）有真实企业需求的地方必有业务机会。数据分析、商业分析是没有岗位界限的，企业的需求也没有一个明确的边界，如"哪个需求应该是广告公司或广告部门负责的，哪个需求应该是活动公司或营销部门负责的"。真实的需求往往是需要多种手段、多个部门或机构联动的，如"提升产品销量"。因此，使用数据是以价值为先的，只要对公司发展有意义的分析就是有价值的，不要给分析人为设定岗位限制，如"你是营销部门的，产品相关的事情不是你的范畴"。

（3）不追求"完美的"分析结果，不急功近利，持续最关键。

第二节　知道五十个"模型"，却依然不知所措？

我很喜欢研究思维模型。

当面对复杂现象或问题的时候，模型可以帮助你快速地从一团乱麻中抽离出来，理清思路，找到解题的办法。

如果说大数定理、中心极限定理、标准差等数据分析的定理或计算方法是更好地让人理解复杂数据背后的关联和逻辑，总结提炼出事实真相。那么，在商业分析领域，商业思维模型可以帮助你基于具体的业务问题，套公式一般用科学的视角和思路去思考和寻求解决方案。

模型既是分析、分类的方法，有时候也是收纳容器，就如同家里的收纳盒一样。首先提供拆分和思考复杂问题的角度，帮你把大的问题拆解为小的问题。然后，你就可以把手上纷繁的数据信息分门别类地先放好，一个个小问题地去解决，避免一下子需要思考太多信息，"大脑CPU"烧掉的情况。

就像前面讲到的"商业企图红星"模型，这个模型通常用来帮助企业探索合理的商业目标。

目标当然很重要，既不能虚无缥缈、假大空，也不能太过简单容易，这就失去了努力的意义。那么要怎么思考呢？可以从五个维度去综合分析，分别是：企业、品类、竞争、消费者和渠道。

面对这个问题，需要综合思考很多与这五个维度相关的问题，例如，目前企业所面临的问题有哪些？有哪些优势和劣势？行业大趋势怎么样？机会和挑战都有哪些？竞争态势如何？有哪些核心竞争对手？主要的目标用户群体是谁？这群人和企业的关系如何？用户主要通过哪些渠道了解企业的品牌或产品信息？又是通过什么渠道购买的？（具体详见第六章第一节）。

这五个维度如同在你面前竖立了一座灯塔，心里立刻就有底了——只要将这五个维度一一分析下来，就不会有关键性的问题遗漏。

接下来"解题"的时候，这五个维度又可以作为收纳盒。方法很简单，就是把收集来的相关信息资料和数据分门别类地放入你操作文档的每个"主题收纳盒"中（见图7-2）。

图 7 - 2　主题收纳盒

例如，你看到有一份行业报告做得很不错，很多内容都是有价值的。就可以把里面跟行业相关的，如市场格局、品牌竞争集中度、国家级地方保护政策等信息都放在"竞品信息"这个"盒子"里。其他主题也是一样。之后在分析的时候，按一个子主题先进行总结归纳，得出局部结论，再整体分析。

这么一来，复杂问题就如同"庖丁解牛"一样，可以轻轻松松地往前推进了。

在使用商业模型辅助思考时，大家容易陷入的误区有两个。

第一种，是知道的模型太少了。手里只有一把锤子，于是看什么都是钉子。

第二种，是对模型的重点了解得不到位，生搬硬套，按照自己的理解去使用。也就是"听了很多的道理，却依然过不好一生"。

一、首先，你要知道五十个模型

"思维模型是你大脑中做决策的工具箱。你的工具箱越多，你就越能做出最正确的决策。"

——查理·芒格

一个年轻人在找工作。如果他面前有很多个企业的多个岗位可以选择，同时，他做过专业的职业评测，对自己的经验、特长、兴趣爱好和职业方向也十分清楚。也了解自己最适合的行业、岗位方向都有哪些，他将有很大的可能找到一份"理想的工作"。

但如果一个人只看到了一家公司的招聘启事，感觉到自己合适就去应聘上班了。这一份工作有多大的可能成为他"理想的工作"呢?

当知道的模型太少时,就像·"手里只有一把锤子,于是看什么都是钉子"。遇到任何问题都会想要拿这同一把锤子上去敲一敲。

优秀的商业模型有很多,除了前文详细讲过的品牌形象认知模型、品牌资产光谱模型、商业企图红星模型、用户之旅模型等,这里我再针对工作中一些经常见到的决策场景,罗列几个常用模型供你参考。

1. 品牌定位——品牌定位三角形

品牌定位三角形模型(见图7-3)来自奥美。企业做定位时,可以从三个角度出发进行思考:

⇒ 我是谁(指你的品牌)?特点、个性是什么?

⇒ 为谁而存在?即目标用户是谁?

⇒ 为什么买?即用户的购买理由。你的产品或服务为用户提供了什么样的好处,有什么优势?

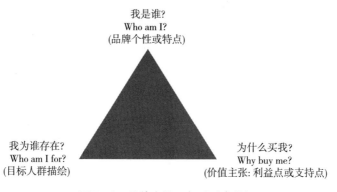

图7-3 品牌定位三角形(奥美)

以宜家家居为例，其定位三角形简单呈现是这样的：

⇒ 我是谁：生活解决方案提供商。

⇒ 为谁而存在：为了追求美好家居生活的普罗大众。

⇒ 购买理由：宜家家居能提供设计美观又负担得起的家具、家饰品和点子。

此外，经典的定位理论还有特劳特先生的定位四步法等。

2. 商业模式梳理——商业模式画布

商业模式画布（见图 7-4）的作用是帮助企业理清创业思路，降低项目风险。它一共有 9 个基础组成部分，每个部分都可以有很多种不同的可能性。创业者需要从各种可能性中，找到最适合自己的那一个。

企业的"重要伙伴""关键业务"和企业所拥有的"核心资源"，是企业当下手中握有的最核心的东西。这三个部分会产生成本，成本会有"成本结构"。以上四项组成了"企业基础设施"。

企业的"客户细分"是企业可以通过自己的产品和能力服务的各类对象，它同企业与不同群体之间的"客户关系"、企业触达客户的"渠道通路"，以及"收入来源"，组成了"企业客户"这个板块。如果说"企业基础设施"板块是产生成本的，那"企业客户"板块就是带来收入的。

"企业基础设施"和"企业客户"之间，是"价值主张"，这是企业对外将产品提供给客户的核心主张，也是企业自身独特性的一个关键。

上述内容里的"成本结构"和"收入来源"又共同形成了

"财务"板块。可以反映企业的营收情况。

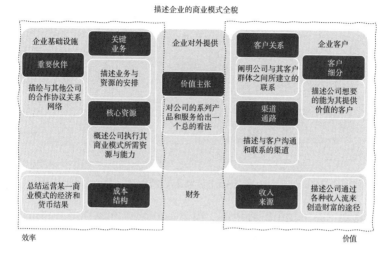

描述企业的商业模式全貌

| 企业基础设施 | 关键业务 | 企业对外提供 | 客户关系 | 企业客户 |

效率 价值

图7-4　商业模式画布

3. 竞争策略——波特五力模型

20世纪80年代初由迈克尔·波特（Michael Porter）提出波特五力模型（见图7-5），它揭示了市场的竞争博弈背后的原理。当企业思考自身的竞争策略时，需要综合考虑五种力量，分别是直接竞争对手竞争力、用户议价力、供应商议价力、潜在新进公司竞争力和替代性产品竞争力。

第一个力是直接竞争对手竞争力。例如，你有一家开在城市购物中心里的烤鸭馆，店铺周围的餐饮店都是直接竞争对手。这时你就需要考虑，每天门前来往用餐的用户，流量平均到你和竞争对手每家身上后算出的那个结果，能不能让你盈亏平衡？以及和竞争对手相比，你是否更能吸引用户来用餐？

这就是竞争对手这点上的简单力量分析。

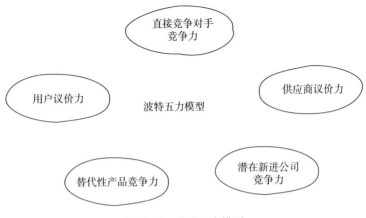

图 7-5 波特五力模型

第二个力是用户议价力。假设你的店铺附近有很大的集团企业，每天数以万计的员工都有用餐需求，于是企业来跟你谈员工折扣。如果你每天的用户里该企业的员工占很大的比例，你的谈判力量就相对弱势。

第三个力是供应商议价力。比如你的鸭子是从某个供应商那里采购的，在他的产品销量中，你采购的鸭子占比越大，你的议价能力就越高，也就越有竞争力。

第四个力是潜在新进公司竞争力。比如你所在的商场里，有一个面积很大的书店经营不善倒闭了，于是商场决定把这一大块地方全部用来招餐饮类的企业。这就意味着你除了现有的竞争，未来你还会面对更多来自新进入者的竞争。

第五个力是替代性产品竞争力，也就是说，如果用户不来你的店里吃饭，他们有没有别的替代性选择？最典型的一种选择就是吃外卖，或者吃自己家带的盒饭。如果外卖产品价格很有优势，速度又很快，那么这类产品会给你的堂食服务带来很大的竞争压力。

4. 产品发展战略——ROS/RMS 矩阵

ROS/RMS（Return of Sales/Relative Market Share）矩阵（见图 7-6），也称销售回报和相对市场份额矩阵。企业可以用它来分析产品的发展和退出策略。

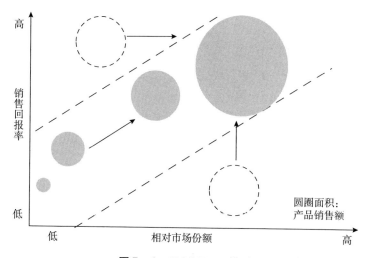

图 7-6　ROS/RMS 模型

该模型认为，产品在市场上的销售额应该与其在市场中的相对份额成正比。并且，产品的销售额越高，产品的销售回报就应该越高。

如图 7-6 所示，当某产品的销售额由低向高不断提升时，它的市场份额和销售回报率也在一个"通道"内不断增加。假设一个产品的销售额增加，销售回报率或相对市场份额却在降低，那么企业应该着重改善这个产品的经营状况。

5. 现有用户运营管理——用户生命周期管理模型

用户生命周期管理模型（见图 7-7）是帮助企业了解现有

用户健康程度，优化和延长用户生命周期，提升用户复购率和品牌偏好度的一个工具。

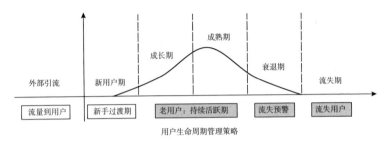

图7-7　用户生命周期管理模型

用户通过外部的流量曝光了解到品牌并第一次购买之后，将经历五个阶段，分别是新客户期、成长期、成熟期、衰退期和流失期。

通常来说，快消类品牌新用户的"五次购买"约等于忠诚。因此，企业需要通过各种促销、红包，以及关联产品推荐等行为，激励新手过渡期的用户短期之内产生新的购买行为，从而转变为老用户。

老用户分为成长期和成熟期，后者购买品牌的时间更长，对品牌也更熟悉。老用户是品牌的核心购买主力，可以通过VIP卡片、相关权益的发放来增加用户黏性。

衰退期的用户是指购买频次降低的群体，这群人对于企业来说存在着流失的风险。因此从数据上识别出来之后，需要有针对性地了解购买率下降的原因并进行调整。

最后，流失期的用户是指很长时间没有购买行为的用户，企业需要思考这中间有哪群人存在召回的可能，并思考召回的方法。

　好主意不是好营销 用好数据，卖货给力

除了上述这些，还有很多经典模型。虽然本书中不会出现，但也希望你可以多多了解。

> ▶ SPACE 矩阵：侧重分析企业外部环境及企业应该采用的战略组合的工具；
>
> ▶ SCP 分析模型：当受到较大冲击时可以帮助企业调整战略；
>
> ▶ 战略中模型：分析企业竞争战略；
>
> ▶ 波士顿分析矩阵：协助企业进行业务组合或投资组合；
>
> ▶ GE 行业吸引力矩阵：帮助企业明确自身行业竞争实力；
>
> ▶ 品牌信息屋模型：帮助企业梳理品牌营销策略；
>
> ▶ RFM 模型：分析企业现有用户价值和创利能力；
>
> ▶ …………

在我看来，模型可以说是咨询行业最容易被低估的"大冤种"。咨询公司通常不会对商业模型做特殊的版权保护。上网随便一查，就可以搜索出很多各种各样的模型，随便学随便用。对于企业来说，当遇到问题时，就算不找咨询师，找一个合适的模型，自己学会了去践行也是可以的。但真正用起来的人并不多。

模型的价值容易被忽视，主要是因为它们往往看起来"过于简单"了，理解起来也不难，以至于令人觉得"不过如此"。大道至简的道理人人都懂，但落在实际问题上，却会引起质疑："我这个问题这么复杂，用这么小图形，能解决吗？"

实际上，模型反映的是思考问题的底层逻辑，简单却关键。另外，知道一个模型和用好它之间，其实还隔着很长的一条路。

因为每个模型在使用的过程中，都有着使用规则和注意事项，这些是影响一个模型可以落地的关键因素。

二、别被模型的"型"困住

知道很多模型，就可以高枕无忧了吗？

模型并不会说话，又是被高度总结的简单可视化图形。它们常常看起来很简单，用起来却不然，很容易被错误理解或生搬硬套。有句话叫"听了很多的道理，却依然过不好一生"。有一种情况叫作"知道五十个模型，遇到问题却依然不知所措"。

模型在使用的时候，关键在于它拆分和解决问题的角度和模式。只要这一点掌握了，能不能记住模型的字母缩写，有没有按部就班、分毫不差地执行外在表现形式，就并不是最重要的。

> 谱写并非作曲家的工作。乐谱的存在不过是创作音乐的过程而已，就算是没有乐谱，也能够创作音乐。
>
> ——久石让

如同久石让对于作曲家工作的理解，乐谱只是一个形式，并不是没有乐谱就不能创作音乐了。有的人没有学习过任何商业方法论，做事的逻辑却符合经典的模型。这是因为他懂得商业背后的底层逻辑。

有一次我在"用户调研"的主题训练营里讲到"用户之旅模型"。这个模型是提升用户转化率的"神器"。它的工作方式是，首先还原用户从首次接触品牌到完成购买及分享的整个过程，把这个过程凝练总结为几个关键节点，例如"知晓、兴趣、研究、购买、分享"。很多用户都是这么完成购买和分享的：通过广告知道了产品→通过多次触达产品信息产生了购买兴趣→进一步研究判断是否要购买→购买→使用感受不错于是分享给身边的人。

也有的用户到了中间的某一个节点就停住了，没有完成最后的购买或分享，流失掉了。如果企业希望最后购买和分享的用户数量提升，光针对购买环节去努力是不够的，而是要提升整个用户旅程每个节点的用户转化才可以，毕竟用户不是从天而降打开购物车下单的。因此，这个模型的关键节点在于研究清楚每个关键节点背后的推力和阻力。

也就是说，如果用户愿意进入下一个节点，例如从"兴趣"节点愿意进入"研究"节点，推动他进入的那个"推力"主要是什么？比如产品外形非常好看，或者用户非常需要产品的功能等。如果能知道主要的推力，就可以更有针对性地去做新用户的转化。例如，知道产品的某个功能是很多人感兴趣的原因，于是扩大对于这一点的宣传。同样，也需要研究那些"就此止步"，没有进入"研究"节点的用户，他们主要不感兴趣的原因是什么，也就是"阻力"是什么？了解清楚这一点，就可以有的放矢地去做优化，有的放矢地去争取流失的用户。

对于每个节点如此这般地去做科学的优化，用户转化率当然会提升。这就是"用户之旅模型"的工作原理。

然而大家在练习的时候，一些同学的关注点却跑偏了。他们跑来问我：

"老师你的模型用的是知晓、兴趣、研究、购买、分享这五个节点，英文简称是 AISAS，请问 DCCI 的 SICAS（感知、兴趣互动、联系沟通、行动、分享）可以用来做用户之旅吗？"

还有人问："为什么要用 AISAS 这个路径？可不可以用阿里

巴巴公司推崇的 AIPL 模型（认知、兴趣、购买、忠诚）？"

"我那天听得到（一家提供知识内容服务的线上 App）上的内容，说的是知晓、购买、使用这三个节点，请问可以用这个吗？我要怎么判断用哪个路径呢？"……

其实，我在课程中的这一节里，甚至着重强调了一下这个问题：一个品牌有可能有多条用户之旅；用户之旅的关键节点需根据企业具体情况灵活定制，AISAS 仅供参考。

伴随着信息环境的不同及用户购买习惯的变化，用户的购买路径势必会发生变化。而且由于环境的复杂，不同用户会采用不同的方式完成他们的"旅程"。因此，旅程可以是 AISAS，也可以是 SICAS、AIPL、AIDMA（知晓、兴趣、欲望、记忆、行动），甚至还会出现除这几种情况之外的旅程。

但需要死记硬背这么多缩写吗？

不需要，一个缩写都记不住也是可以用的。

你并不需要把这些路径全记住然后去对照挑选，只需要了解用户的旅程会有关键节点，然后根据企业用户真实的路径去总结、去定制一个属于你的路径就可以了。最后出来的有可能是 AISAS，有可能是 AIPL，也有可能不在上述范畴里。这都无所谓，只要保证做出来的旅程能代表你的用户就可以了。因为，这个模型的重点，在于基于每个节点去研究背后的推力和阻力，从而找到优化用户转化的方法。我们不需要把精力用在背诵前面的节点缩写上。

所有的模型都一样，不需要拘泥于外在的表现形式。你不需要拘泥于"乐谱"，只需要看音乐本身，也就是模型是怎么运作的，它在什么场景下是如何发挥作用的？这才是模型的灵魂所在。

三、别从半路想问题

在我这么多年的咨询生涯中，如果要问哪句话对我影响最大，这句话应该是"找到问题的根源，而不是从半路开始思考"。

企业总是受困于现实的问题，于是想尽办法解决它们。但往往，这些所谓的"问题"并不是症结所在，而是真正的问题所形成的现象，或者说表现形式。

例如，一家线上的买手店，商品一直卖得不好，负责人看到在线客服工作消极，常常用户提问后一个小时才回复，很多用户由于等不到回复就去买别家的商品了，他还看到用户留言抱怨"客服反馈速度慢"，表示"等不及了不买了"。于是认为"证据确凿"，是客服导致生意不佳，就换了一批态度很好的客服。

但发现生意依然不好。

为什么呢？

因为客户态度不好并不是真正的问题，只是问题形成后产生的一种现象。其实是因为他店里的产品同质化严重、性价比又不高，市场上有很多同类产品，功能一样但价格却便宜很多。因此绝大部分用户看到他的产品后二话不说就去别家购买了。只有极少数好奇心旺盛的用户留下来想问一下"为什么这么贵，有什么不同"。另外，店铺里的产品又很少，难以吸引用户停留。也就是说，是整体的产品选品和价格导致的销量问题。

至于客服为什么"消极工作"，是因为每天来询问的用户太少了，客服守半天也遇不到一个留言，慢慢也就懈怠了。

客服消极工作，只是店铺产品问题衍生出来的一个必然的现象，并不是真正的源头问题。

《麦肯锡传奇》一书中有这么一段话：

"企业倒闭了，最常见的原因不是对正确的问题给出了错误的方案。而是基于错误的问题给出了这个问题的'正确答案'。我见过太多的企业，一次次做出看似最佳但却是建立在错误假设之上的决策。结果一点点把自己逼进死路。"

"换一批高质量的客服"看似是"老客服消极怠工"的最优解，但并不是这家店铺真正问题的最优解。这就是从半路想问题。

如图 7 - 8 所示，表面问题是"产品卖不动"，如果往前推导一步，能推出一个近因"客服消极工作"，但实际上，真正的原因是产品问题。

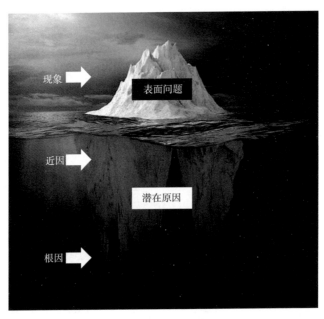

图 7 - 8　企业的表面问题与潜在原因

有的时候，"从半路想问题"也会影响到对商业模型的正确使用，给人一种"这模型一点也不好用，难负盛名"的错觉。

例如，一家做"智能止鼾器"产品的创业公司发现老用户的复购情况不佳。该产品的零配件是消耗品，用户长期使用的话是需要定期购买的。然而无论是从产品的使用数据还是零配件的购买数据看，表现都不好，用户流失严重。于是公司制作了"用户生命周期管理模型"，希望以此来提高用户的复购率和品牌偏好。操作时，严格按照新客户期、成长期、成熟期、衰退期和流失期来判断现有用户群体的位置，并针对不同阶段的用户给出相应的运营措施。

然后发现没什么大用，公司为此十分愤怒。

但如果深入挖掘一下，会发现这家公司的产品存在硬伤，止鼾效果很差。在用户的睡眠中，产品是通过识别鼾声后释放微量电了脉冲来刺激用户停止打鼾的。但这个方式常常把用户直接"电醒"，再也睡不着了。该产品的价格不贵，很多用户试完后觉得不好也懒得退，直接就放在一边不用了，自然不会复购零配件。而且，公司处于创业初期，用户的积累还处于初级阶段。也就是说，现有用户的人数很少。这一切都导致"用户生命周期管理模型"做出来的结果乏善可陈。

这是模型不好用吗？

不是，这是问题没找对。

要想真正解决问题，必须找出问题的根本原因。根本原因总是隐藏在问题的背后。

那么，如何找到核心问题，避免从半路思考呢？一个有效的方法来自日本丰田公司，它的名字叫作"5WHY分析法"（见

图 7 – 9）。

图 7 – 9　5WHY 分析法

操作方式是面对企业的问题，也就是前面说的"表面问题"，连续深入问 5 个"为什么"，究其根本找到最核心的问题症结。先问第一个为什么，获得答案后，再问为什么会发生，以此类推，直到找出根本原因。

这里的"5"是个泛称，不是一定要问 5 个问题的意思。关键点在于不断深入、顺藤摸瓜找到根本原因，对症下药。有的时候可能是 3 次，有的时候可能是 10 次。打破砂锅问到底就对了。

还拿上面提到的智能止鼾器产品为例子。假设这个时候负责人没有上来就做"用户生命周期管理模型"，而是通过观察，发现止鼾器由于止鼾效果不好，常把用户"电醒"导致用户流失。于是他打算使用 5WHY 分析法，发生了下面的提问与思考。

问题："为什么产品的电子脉冲劲儿搞得这么大，以至于总把用户电醒？"

回答："因为使用的设备材料不好。"

问题："为什么不用好材料？"

回答："因为财务不批款。"

问题："为什么财务一定要让采购员买便宜的材料？"

回答："因为财务说现在公司的回款太少，资金不足，周转不健康，不能再增加开支了。"

问题："为什么回款少？"

回答："因为现在产品卖得不好。"

问题："为什么产品卖得不好？"

回答："因为现在疫情导致整个行业都不好。用户的消费力不像以前了。而且卖出去的产品效果不好，用户总被电醒，也不愿意向别人推荐。"

这是一个典型的错误使用 5WHY 分析法的示例。这里提醒一下 5WHY 分析法在操作上的注意事项：

（1）所有提问需朝向问题解决的方向，不要跑偏；

（2）从自身找原因而不是找"外界原因"；

（3）找可控的因素，而不是"不可抗力"。

在这个示例里，这三个注意事项可以说是都被违背了。

如果没有时刻保持朝向解决问题的方向提问，思考路径就很容易跑偏。而且，从外部找原因是很容易的，但对解决问题没有帮助，还会出现大家相互推诿的现象，或者分析了半天得出"世事弄人"的悲观结果。例如，上面说到的"因为疫情所以没办法"。真正的原因被掩盖在了这些看似在思考的过程中。

注意了上述三个要点后，真正的 5WHY 分析法可以是这个样子的：

问题："为什么产品的电子脉冲劲儿搞得这么大，以至于总把用户电醒？"

回答："因为使用的设备材料不好。"

问题:"是这样吗?咱们的竞争对手用的是一样的材料,他们的产品就没有把用户电醒啊。"

回答:"他们采购的价格比较高,所以就算材料一样,质量也会更好一些。"

问题:"你觉得这是电子脉冲劲儿太大的主要原因吗?在产品上市之前做测试的时候,用的也是这个材料啊,为什么当时的产品可以,一批量生产就出问题了呢?"

回答"技术是主要的原因,批量生产后我们现在的生产技术跟不上。"

问题:"为什么不采用更先进的生产技术?"

回答:"我们的技术是从国外引进的,确实已经是最领先的了,但是没有合适的人才来加以应用并推广,所以现在的产品并没有很好地展现我们的技术。"

问题:"为什么不招聘合适的人才呢?"

回答:"人力资源部认为现在疫情比较严重,经济不好,我们应该最大限度地缩减人工成本,所以没有预算。"

在不跑题、从自身找原因、只寻找可控因素的原则下,很快就找到了源头问题,那就是人力资源部对相关人才招聘的错误认识。

对于 5WHY 分析法来说,不断地追问问题只是它的"形","形"并不是最关键的,关键的是背后的原理和逻辑,也就是方向明确、从解决问题角度出发的深度思考,上述三个注意事项是用来帮助我们保障过程顺利进行的。无论是使用思维模型,还是使用各种类型的数据来剖析企业问题,都不能拘泥于"形",而是要抓住"形"背后的逻辑。

第三节　数据思维下的营销"道"与"术"

Doing the right things is much more important than doing things right. （做"正确的事"比"把事做得正确"重要得多。）

老子在《道德经》里曾说"以道御术"，悟道比修炼法术要更高一筹。"道"就是指选择一个正确的方向。在营销领域尤其如此，努力并不是成功的充分必要条件，"做正确的事情"才是。战术上的勤奋，始终都无法弥补战略上的懒惰。

做营销，如同在茫茫大海上航行。无论船员怎样勤奋、好学、创新，但哪怕航行的方向只偏差了 5°，最后都有可能永远无法到达目的地。而船员的努力，会尽数化为乌有。

我们应当在战略上重视数据，在做任何决策的时候都做好分析，而不是仅在战术上重视，把数据当成美化报告的工具。

一、让每步的决策都有据可依

我在 2009 年左右进入传播营销行业，当时企业的主要营销渠道正从传统媒体慢慢往新媒体偏移，新媒体正飞速发展，但说起数据分析还是很初级。大家在做营销传播计划的时候，虽然也会参考行业报告，但常常吸引企业为策略埋单的，并不是由严谨的市场调研和分析推导出来的周密方案，还是要靠策略和创意的聪明才智和天赋才华，也就是"点子好"。

1. 文无第一，武无第二

"点子好"这件事情是个主观判断标准。有一句老话叫"文无第一，武无第二"。"文无第一"的原因在于评判标准不统一。

评估一篇好文章的标准太多了：文笔好的算好，观点深刻的也算，结构新颖、标新立异也是很不错的……所以，如果一篇"文笔好但观点一般"的文章和一篇"观点深刻但文笔一般"的文章放在一起，谁应该是第一呢？

这就是众口难调啊。

所以，所谓的"好点子"必须是客户心中的好点子，自己觉得策略或创意好没用。一个平面广告出来了，因为审美观不同，一千个人心中有一千个哈姆雷特。客户心里那个"哈姆雷特"长什么样往往形容不出来。创意只好在模糊状况下一遍遍地改。他们日常工作里最痛苦的事情就是这个了，一言不合回去改。

有的创意设计，设计图可以从第一稿，一直改到第四十稿，客户依然不满意。沟通成本也很大，常常双方各执一词，谁也说服不了谁。让客户经理夹在中间很是为难。策略也好不到哪里去，辛辛苦苦做的方案，也许因为一句"这不是我心目中的样子"就被毙掉了。

"武无第二"。武试是不存在这个问题的，谁把对方打趴在地，谁就是第一名，一句废话不用说。不会有谁被打翻后，还说"虽然趴下了，但我的武功姿势比较好看，所以咱俩应该并列第一"，这太丢人了。

数据分析就像这里的武人。用数据说话，哪怕有时大家内心都不愿意接受这个结果，却是唯一正确的事实。客户绝对不会说："虽然逻辑没问题，但我不喜欢这个结论，你们回去重新分析。"基本上我们的方案是"不改稿"的，只有一种可能性会导致返工，就是分析出了问题，结论出错了。虚心接受错误事实，总结遗漏，下次改进就是了。

理想的策划过程，应该是数据先行，创意和策略后上。流程是这样的，拿到营销目标后，数据部的人先上，做背景调研、营销诊断、人群分析等，然后做出一个营销方向建议。然后策略和创意部的人再上，根据分析建议构思策略内容、广告计划等。

数据分析解决的是"yes or no"的问题，策划创意解决的则是"good or better"的问题。

2. 数据先行，策略后上

当缺乏数据分析而你要做一个项目或营销计划的时候，过程大概如图7-10所示。

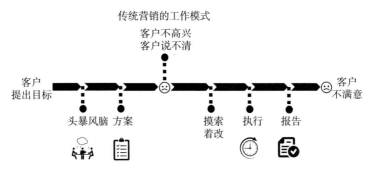

图7-10 缺乏数据分析的策略提报过程

首先，你的客户或上司提出了一个目标，大家如同接圣旨一样把目标钉在墙上，然后开始头脑风暴。虽然过程中可能也有质疑，但总体上秉承着"给钱的是老大"的理念，开始写方案。

然后，经过了一段日夜颠倒的加班之后，你们做了一个方案。客户或者上司一看，不满意，但为什么不满意也说不太清楚。隔行如隔山嘛，客户无法指出具体问题，但就是觉得"这跟我想要的不一样"，给出了一个感性的拒绝。

于是，你们拿着一个"模棱两可"的感性修改意见回来继续头脑风暴，几天的晨昏颠倒之后，你们摸索着改出新的版本一二三四。对方依然不满意，但还是说不清，于是继续给了一个"不一样"的感性拒绝。

然后你继续改，对方继续不满意，你继续改，对方继续不满意……周而复始，循环往复。

最后，经过多次修改和妥协，也有可能是执行日期马上就到了，好赖也得定个方案。你们的方案终于通过了。于是开始执行了，执行阶段当然是严格按照方案里面的计划。

一段时间之后，执行完毕，你们开始写工作总结。也没有什么数据，是过程的一个浓缩呈现。客户/上司看到报告后，很愤怒，发现自己投入的钱好像浪费得挺多。大骂一通，把你们团队开除了。

当然了，我这里说得比较极端，极端一点才好看出问题。你看，在这个过程中：

（1）一开始提的目标没有经过验证和思考，有可能就存在问题；

（2）重复修改是由于大家的评判标准不统一，标准说不清，谁也说服不了谁；

（3）执行的时候没有数据分析，无法根据具体情况作出调整，活动效果基本全部依托方案本身的质量和执行时候的运气；

（4）由于没有清晰的KPI，结案时无法准确全面地作出评估；

（5）由于关键的过程和结论数据没有记录下来，也无法为下一阶段给出有价值的建设性意见。

如果数据先行，策略和创意后上呢？过程大概是图7-11中这个样子，在每个节点都是数据先行，策略后上的。

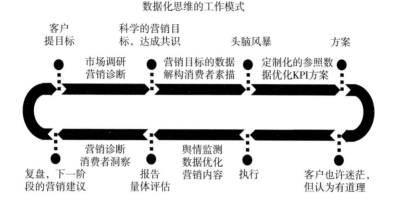

数据化思维的工作模式

图7-11　数据先行的策略提报过程

首先，依然是客户或上司提了一个目标，假设是营销目标。但你们没有立刻开始头脑风暴想方案，而是做了一个基于品牌/产品的市场研究和分析，并对企业目前的营销现状进行了问题诊断。统合分析多方的数据之后，你们帮助客户/上司优化并制定了一个更加科学合理的目标。大家一起讨论，并对这个新的目标达成共识。

接着，在新的目标基础上，根据时间和费用的情况，对目标用户进行了初步的研究分析。然后才开始头脑风暴。不但讨论营销计划，同时也基于目标制订系统的、如同第六章第二节那样的KPI计划。把大的目标分平台、分需求拆解为可被有效评估的数据维度。并分析清楚在计划投放下，理想状态下的效果会是怎样的。

然后，营销方案出炉。这个时候，客户/上司可能会有问题要讨论，但由于方案基于事实，有缜密的分析逻辑，评估体系也很科学，很容易就顺利通过了。

接着，项目开始执行了。过程中会定期进行活动数据的抓取、分析，然后不断优化调整，直到活动结束。你的 KPI 完成得很杰出，活动效果很好。由于一直在进行数据累积和分析，大家还能给出下个阶段的优化建议。这些优化建议也被写在了结案报告里。

客户或上司看了报告十分满意，认为营销费用花得很值，你们都是可造之才，下一个阶段的营销计划还将交给你们做。于是你们继续负责这个项目，如图 7 - 11 所示，工作链路形成了完美的闭环。

一切日常工作都可以是类似的这个过程，在制订计划之前，永远让数据先行，策略跟着数据走。

二、数据的"边界"

说了很多数据的价值和厉害之处，我也要说一下它的"边界"和"不完美"之处。

说一个"段子"。

有一个电商企业发现竞争对手的淘宝店周收入突然下降了30%，但是隔周后又自然恢复，中间毫无其他异常现象。

负责人让大家分析一下，这是怎么回事。

大家辛苦数日，在电商后台、社交平台上购买了各种数据，并且还做了数学模型，总算找到一个勉强的理由自圆其说——由于某个明星的电影票房不好，导致该明星很喜爱的这个牌子，即竞品店铺的明星产品销量降低。

负责人看完后，觉得虽然不能完全信服，但也有几分道理。

过了两周，他在路上碰到了竞品的负责人，闲聊此事，"你们前段时间怎么突然收入下降？""哎，别提了，丈母娘去世了，回家奔丧，公司放假了。"

…………

这虽然是个"段子"，但因果问题确实是分析时最容易出错的地方。

数据在我看来有两类边界。

第一类边界是来自物理层面的。我们虽然能拿到很多维度的数据，但拿不到所有理想的维度。

这也是没有办法的事。

有的时候，是出于《中华人民共和国数据安全法》的要求，数据公司不能提供。有的时候，是出于采集的原因，有的数据很难采集或者采集成本太高。还有的时候，是出于企业自身预算的原因，预算实在有限，无法买到所有想要的数据，只能买一部分。

但以上原因，对企业影响其实不大。因为数据本身就是"不完美"的。

对于在市场竞争环境中的企业们来说，数据公司不能卖或者难以采集的那些数据，我虽然拿不到，竞争对手同样也拿不到。大家还是站在同一个信息的起跑线上。数据分析本身，也正是通过局部数据来分析整体。这就如同去医院看病，你看一个感冒，验个血看看数据也就够了，不需要去做全身检查，把所有的身体数据全都收集一遍。但问题在于，你要找到对的数据，而不是随便拿一点数据，就认为可以分析出想要的结论。

而预算的问题呢？数据成本往往跟需求对企业的重要程度成正比，越重要的决策需要的数据量越大，维度越多，价格也越贵。比如品牌定位所需要的数据成本一定远高于产品优化需要的数据成本。一般来说，企业的寻常需求并不会很贵。不过，我还是要提醒你不要在这个问题上"小气"，想一想如果不做分析有可能会浪费掉的营销费用，请一个优秀的分析顾问，买一些有价值的数据，这个钱一定是值得的。

第二类边界是我们自身的分析边界，来自认知或视野局限。

前面说的那个回家奔丧导致店铺业务下滑的案例就是视野局限。对方只通过简单的一点信息，就粗暴地做出了因果推论。

之前，有一家国外做汽车燃油器的品牌，想要进军中国市场。但营销费用有限，于是就想通过数据采集分析目标用户，判断第一阶段，重点应该针对哪群人做营销推广。

他们找了一家数据公司，收集了一段时间之内网络上讨论汽车燃油添加剂的声量，做出了声量和车主行车里程数之间的趋势图（见图7-12）。结果显示，车主平均行驶到六千多公里的时候，谈到燃油添加剂的声量最高，这个里程数正好是新车第一次保养的里程数辐射范围。

所以，他们得出结论：应该针对国内刚买了新车并且马上要做第一次保养的车主重点推广。

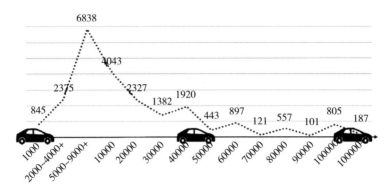

图 7 – 12　某燃油添加剂品牌用户声量数据

你觉得这个结论对吗？

当然不对，大错特错。对于那些已经非常熟悉燃油添加剂，并且习惯性购买的老司机来说，他们买的时候还会不会上网讨论一下呢？

他们不会，他们只会默默购买。所以这张图反映的虽然是事实，但如果想要回答目标用户是谁的问题，那么还远远不够。图 7 – 12 所示的两个维度其实只是有相关性，并不能想当然地做出因果推论。如果企业想知道真实情况，则至少要再看一下同期市场上燃油添加剂的销售曲线。

这就是由于分析时的不严谨造成的错误。有时候，面对同样的数据，资深分析师和初级分析师会得出截然不同的结果。这也是为什么商业分析师越资深越受欢迎。数据本身是无意义的，只有人能让它有意义。

三、数据的"不完美"

数据本身也并不完美，每个类型的数据都有自己的擅长和不擅长之处。有的时候使用不当，花了钱还得不出有用的结论。

1. 大数据的"缺陷"

大数据虽然火，但缺陷也很"要命"。第一章谈到过大数据的5V特性，分别是大量（Volume）、高速（Velocity）、多样（Variety）、价值（Value）和真实（Veracity）。这些特性看起来都是优点，在实际应用中则不然。

首先，虽然数据量大，也具备多样性，可以看到很多的维度和视角。但是，大量和多样并不意味着可以解决企业的专属问题，还有可能多花冤枉钱。

比如，一家卖杯子的品牌，拿到了天猫平台的相关大数据，数据量巨大。可其实企业只是想知道跟自身用户相关的数据，如用户买杯子的需求，喜欢的价格、喜欢的样式等。而这些相关的数据，天猫平台就算拥有大数据，也不能面面俱到。比如，用户为什么会喜欢某个类型的杯子，用户具体是一群怎样的人，大数据就得不出答案。企业依然要通过其他方式继续研究。

大数据与全部数据的关系，就如同图7-13，假如一只剑龙在真实世界中的样子，是图7-13（a）所呈现的样子。

图7-13（a） 剑龙假想真实照片

图 7 – 13（b）　剑龙数据还原照片（极致状态）

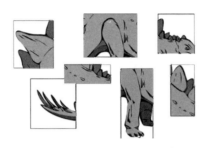

图 7 – 13（c）　剑龙大数据还原示例

那么在数据世界，如果能够拿到剑龙全部的数据（当然这不可能，假设能拿到），剑龙的二维图片可能是图 7 – 13（b）。图 7 – 13（b）可以很客观地呈现剑龙的真实面貌，虽然存在一些细节和颗粒度的问题。

但如果只用大数据来还原呢？

大数据还原出的剑龙就像图 7 – 13（c），局部非常完整，但很多关键的地方都会有缺失，是不能完整呈现全貌的。当你购买大数据，你可能拿到 300 个维度，但其中真正对你有用的也就 50 个。

其次，大数据虽然是真实存在的客观数据，但真实不等于准确。

我在工作中遇到这样一件有趣的事情，当时我们帮一家企业评估代言人——影视明星张震。

我们同数据公司购买了半年之内张震在线上可以拿到的大数据，进行汇总分析。过了几天，数据分析师非常苦恼地来找我，说："我发现咱们买的数据有很多浪费了。"因为里面包含了大量真实却不准确的噪声信息。

比如同名的其他名人的声量，如20世纪90年代以讲鬼故事出名的张震、著名配音演员张震。声量最大的是音乐人张震岳，因为张震岳的名字中包含"张震"两个字，在以张震为关键词的大数据中，张震岳就被包含了进去。由于张震岳也是一位明星，相关的声量甚至和影视演员张震的声量不相上下。

在这个项目里，分析师是可以手动去噪的，但是，对于很多非常复杂的分析命题，就算是人工除噪，也难以避免疏漏。没人可以保证百分之百准确。

最后，大数据还难以识别用户的真实态度。对于营销人来说，这是一个致命缺陷。

大数据更多的是事实层面的数据，大家做了什么，在百度地图上从哪儿走到哪儿，在抖音、微博、小红书上关注了谁、买了什么产品等，都是事实层面的行为数据。但这些行为背后的原因是什么？例如，购买动机是什么？用户为什么会喜欢？这类跟心理、态度相关的问题，往往是企业更关心的。

驱动人类行为的是情感而不是理性，而探索用户的内心世界，是小数据，也就是调研数据最擅长的。

2. 小数据调研，用户会"说谎"

那么，小数据就没缺点了吗？当然也有。

调研数据虽然擅长还原用户内心，但"人心难测"，因为有时候被访者会或有意识或无意识地撒谎。

先说有意识撒谎。比如，当你在问卷调研时直接询问："你对目前社会上存在的'第三者'问题怎么看？"一些目前无论有意还是无意，正在别人的感情中担任"第三者"角色的人都不会选择"我认可这种行为"或"我认为这是每个人的自由"，哪怕内心真的这么想。大家往往会选择"我不认可这种行为"这样的答案。

因为在内心深处，大家知道主流的社会价值观是怎样的，所以会选择一个"政治上正确"的答案。

还有一种是无意识撒谎。有时候，一些重要的潜意识并不能被我们准确地认知，大家以为自己说了真话，其实不然。

比如，当你在问卷调研时直接询问："如果有一名饥饿的儿童需要你的资助，你是否愿意捐款？"很多人在填写时真心认为自己"会捐助"，于是填写了"会"。但是，如果这时有人端着一个捐款箱让大家捐助这名儿童，其中的一部分人会做出不同的选择。

不是说他们填写时说了谎，只是他们没有意识到自己在真正选择时的全部想法。

这些都需要我们通过一些调研的技巧来修正。但是有时并不能百分之百地修正。

二手数据和海量数据也都有自己的局限性。二手数据有可能会存在数据采集或分析的问题，从而给出不严谨的结论。但引用的人并不知道，于是出现以讹传讹的情况。

海量数据也是一样，而且有的时候还会因为技术上的问题出现纰漏。比如，抓取区域数据并对热门关键词进行语义分析，就是常见的工作。语义分析的时候是机器先进行一轮识别和整理。这个时候，就会出现因为机器对中文掌握得不好而导致的错误。

比如，将"不喜欢"一词切分成"不"和"喜欢"两个词，分析的时候会误认为这是两个独立的词。

有一次，一家数据机构在运行一批舆情数据的时候，机器运行出来的最高频次的热门词是"大姨"，工作人员并没有深思就把结果发了出去，结果大家都莫名其妙。后来，经过人工探查，发现高频词其实应该是一个手机 App 的名字——"大姨妈"，在切词时，机器把最后一个"妈"字切掉了。

所以，结论是，数据有自己的边界和不完美，要使用它，但要谨慎地使用它。

小结

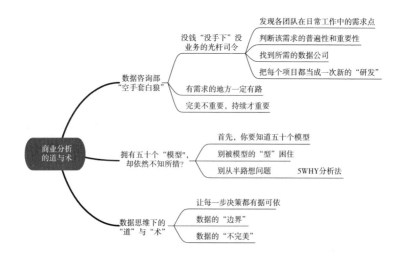

以上就是本章"商业分析的道与术"的全部内容。

有的时候，大家的业务离数据很近，但是日常的工作内容离数据很远。有的人不是不重视数据，而是把它想得太难、太复杂了。想要用好数据，并不需要专业的统计学出身，或者具备编程、建模的能力。要先打开自己，大范围地面向各类数据公司或自己公司的数据部门伸出"橄榄枝"。知道大家在做什么，能做什么。知道自己的工作能用到哪些数据工具，这些工具可以解决哪些问题。

数据分析的核心意义就是辅助业务、解决问题。不要觉得跟自己的岗位无关，也不要给自己的工作内容设限。它不能一蹴而就，但也无须"完全准备好再出发"。只要开始做分析，微小的努力也都会有回馈。

商业模型是帮助我们整理思路的利器，但这需要大家先广泛了解这些有用的模型，并且真正理解它们的运作原理。只要掌握背后的逻辑，就可以把外在的表现形式忘掉。

分析时，还有一个重要的原则：找到问题的源头，不要从半路思考。很多时候，你所困扰的问题只是真正问题所导致的现象。

最后，数据化思维是什么呢？就是在做任何关键决策之前，都数据先行，而不是创意先行、点子先行，让每个决策都有据可依。这也是提高营销效率的关键步骤，能帮助与你合作的创意和策划同事更准确地表达。不过，要小心的是，数据并不是万能的，它也有自己的边界和不完美。

以上就是本书的全部内容。感谢大家耐心地读完了这本书，希望你能喜欢这本书。

最后，附上一首我喜欢的小诗作为结束。这是一首看起来有些奇怪的诗，来自鲍莎·尼尔森，它讲述一个人的成长过程，也在讲述一个人不断努力追求卓越的过程。借花献佛，把它送给你，希望你越来越好。

第一章
我走到街上。

行人道有一处深坑。

我掉了下去。

我迷失……我无助。

那不是我的错。

仿佛永远都找不到出路。

第二章
我走到街上。

行人道有一处深坑。

我假装没看见。

我又掉了下去。

真难相信我竟跌落在同一地方。

但那不是我的错。

又是花了很长时间我才爬了出来。

第三章
我走到街上。

行人道有一处深坑。

我看见了它。

可我还是掉了下去……那是一种习惯。

我睁着眼睛。

知道自己在哪里。

这次是我的错。

我当即爬了出来。

第四章

我走到同一条街上，

行人道有一处深坑。

我绕了过去。

第五章

我走到了另一条街上。